35歳までにやめる60のこと

中谷彰宏

成美文庫

本書は、成美文庫のために書き下ろされたものです。

本書は3人のために書きました。

①やらなければならないことが多すぎて、
やりたいことができない人。

②やりたいことを、絞り込めない人。

③罪悪感を感じて、やめることができない人。

はじめに

何かをやめることで、新しいことが始まる。

僕は「あなたの元気を奪っていることとは、やめていいですよ」とアドバイスをします。

30代は、あれもやらなければ、これもやらなければということが多いのです。

企業の経営者も、「もっと真剣にやれ」「3倍一生懸命やれ」「頑張らなくちゃダメじゃないか」と言います。

それでは頑張っている人は疲れます。

目いっぱい頑張っているのです。

これ以上頑張らせたら、よけいに疲れてしまいます。

僕が言いたいのは、「これはやめていいですよ」ということです。
やめる力が、変化を生み出します。
何か新しいことを始めてから、やめるのではありません。
何かをやめることによって、新しいことが始まるのです。
変化する力は、やめる力です。
何かをプラスするのではありません。
何かをマイナスする力が、変化を生み出すのです。
今、必要なことは、何かをさらにすることではありません。
もう十分しています。
何かをやめることで、やるべきことが見つかるのです。

やめることを、決めよう。

35歳までにやめる60のこと

【目次】

35歳までに やめる 60のこと

54 制約のない自由を、卒業しよう。
55 「ほめられて伸びる」を、卒業しよう。
56 出会いを求めることを、卒業しよう。
57 効率を、卒業しよう。
58 仕事の量の調整を、卒業しよう。
59 「目的のためにする」を、卒業しよう。
60 昨日のやり方を、卒業しよう。

目次

第2章 「会社に左右される生き方」をやめてみる。

第3章「キャリアに縛られること」をやめてみる。

第4章「儲けようと考えること」をやめてみる。

第1章

「他人の評価を気にすること」をやめてみる。

1

他人の評価に、ビクビクしない。

「カッコいい」という言葉は、他人から見た時にカッコいいと思われるということです。

他人の目を意識しているうちは、カッコよくはなれません。

他人が自分をどう見るかということばかり意識してしまうと、その瞬間に、カッコ悪いことはできなくなります。

すぐ結果として、カッコいいことだけやりたいとなってしまいます。

通常、**他人の目をどうしても意識してしまうのが人間**です。

そもそも、カッコよくならなくてもいいと思っているならいいです。

カッコよくありたいと思うのは、悪いことではありません。

カッコよくなるためには、かなりストイックになる必要があります。
根っこの部分は、猛烈にストイックな世界です。
ストイックさが、その人のカッコよさになるのです。
ストイックに耐えなければなりません。
誰もほめてくれません。
他人の目を意識しないということは、ほめてくれなくてもやるということです。
評価してくれなくてもやれるということです。
これがカッコいいことです。
ほめてもらおうとしてやっていると、結局、カッコ悪くなってしまうのです。

その❶ ほめてもらおうとすることを、卒業しよう。

2

好きなことをしていると、損得を言わなくなる。

他人の目のほかに、もう1つ人間が引っ張られるのは「それをやってどんな得があるの」というメリット・デメリット、損得の話です。

「お金にもならない」、「評価にもつながらない」、「出世にもつながらない」手間のかかる地味なことや、ムダなことをやることで、なんの得があるのかと考える人がいます。

こういう人はカッコよくなれません。

カッコいい人は、損得を一切言いません。

「すごいムダなことやってますよね」ということができます。

カッコよくなるのはしんどいことのようですが、損得を言わないでやれる方法があります。

それは、好きなことをすることです。

究極、**カッコいい人は、好きなことをしています。**

「好きなことやりたい」とみんな言いますが、好きなことはなかなかできないものです。

そのおそれを取り除き、ヨロイを脱ぐことができると、その人はその瞬間からカッコいいところに入っています。

生き方としては、

① **カッコいい生き方**

② **カッコよくない生き方**

の2通りしかありません。

普通の生き方はないのです。

どちらを選ぶかは自分です。

どちらがいいわけでもありません。

「中谷さんはどっちを選んでいるんですか」と聞かれれば、カッコいい生き方を選んでいます。

根っこは、ストイックな好きなことをやっています。

「好きなことをやっていて、みんなからなんて言われるか心配、不安」

「将来どうなるかわからない」

「こんなことをやっていて、自分は果たして食べていけるんだろうか」

「出世できるんだろうか」

と考えてしまうと、好きなことはできません。

「好きなことをやりたいと思うんだけど、やらなければならないことがたくさんあってできない」となってしまうのです。

「やらなければならないことがたくさんあるので、好きなことをやる時間的な余裕・精神的な余裕・体力・お金がない」と言う人は、「好きなこと」ではなく、「やらなければならないこと」を選んだのです。

35歳までに
やめる

その2

「やらなければならないこと」を、卒業しよう。

3

「いい子ぶる」のを卒業する。

たとえば、講演会に参加する時、

① 今日、ここでこの話をみんなですることが好きで来た人

② 断り切れなかったから来た人

貴重なプライベートな時間なのに、つき合いで来た人

本当は来たくなかったけど、仕事だから来た人

という2通りに分かれます。

僕もサラリーマンをやっていたからわかります。

やっていることは同じことです。

でも、その時間がしんどい人と楽しい人とに分かれるのです。

好きなことをやっている人は、カッコいいです。

その人からは、エネルギーが出ています。

しなければならないことをやっている人は、カッコ悪いです。

その人からはエネルギーが出ていません。

やらなければならないことをやっている人は、夢を実現できなくなります。

「夢を実現するために『やらなければならないこと』をやっているんです」

というのは正論ではありません。

「それでは、**どこまでいっても夢にたどり着けない**」ということに、早く気づくことです。

人間の寿命は、あまりにも一瞬すぎます。

「やらなければならないこと」をやっていると、それで寿命は終わります。

「今はまだ自分は若いから、若いうちはやらなければならないことがたくさんある。それらを早く片づけて、やりたいこと、好きなことにいつか移れるはずだ」というのは大きな勘違いです。

その人は、一生やらなければならないことをやって、ムッとした顔で死んでいきます。

やらなければならないことは、一生なくならないのです。

講演中、演台から聴講者の写真を撮ると、「この人は今、やらなければならないことをやっている人なのか、好きなことをやっている人なのか」ということが一瞬でわかります。

これは僕の特殊能力ではありません。

みんなが感じています。

「あの人は生き生きしている」「オーラがある」「存在感がある」「魅力的だ」と思うのは、好きなことをやっている人です。

「なんかあの人、感じ悪い」「隣の席に座っちゃったけど、できれば変わりたい」「ヘンなオーラが出ている」「さげまんのにおいがプンプンしている」「この人のそばにいるとよくないことが起こりそうな気がする」と思うのは、やらなければならないことを一生懸命やっている人です。

その人は、すごくいい人です。

全然、悪い人ではありません。

好きなことだけやっている人は、一見いい人に見えません。

自分勝手な人に感じます。

これは大切なテーマです。

「いい人になろう」「いい人に見られよう」とする人は、カッコ悪くなります。

それが、その人のおそれになります。

ガードして、皮がむけないのです。

常に「こんなことを言ったら、いい人に見られなくなる。優等生に見られなくなる」と考えてしまうのです。

その3 優等生を、卒業しよう。

4

好きなことをやる人は、自分の夢を実現できる。

学校では「やらなければならないことはあるんだ、今のうちは」とひたすら教えられます。

労働者をつくっていくのが、義務教育の仕事です。

社会を運営していくためには、労働者が不可欠です。

学校は、優等生という労働者をつくっていくのが仕事です。

世の中みんなが、好きなことをやる人たちになっては大変なことになるから、そういう教育をするのです。

その教育で「あなたは優等生」となってしまった人は、一生そこから抜け出せません。

その人は、自分の夢を実現することはできません。

でも、他人の夢の実現を手伝う人になります。

すべての人が、夢を実現したいと思っています。

その時に、

① 自分の夢を実現する人

② 他人の夢を実現する人

の2通りに分かれます。

どちらが正しいということではありません。

それは自分が選べばいいことです。

「やらなければならないこと」をやっている人は、他人の夢を実現していく人です。

それも決して悪くありません。

間違ってはいません。

間違った生き方というのは1つもありません。

間違った生き方をしていると思う人は、一人もいないのです。

すべての人が、自分が正しいと信じた生き方をしています。

たとえば、「会社を辞めたい」とずっと言いながらも辞めない人がいます。

就職情報誌を買ってパラパラ見たりして、「なかなかいいところないな。どこも帯に短し、たすきに長しだな」と言います。

この人も正しいことをやっています。

「会社を辞めたい」と言いながら辞めないという生き方を、正しい道として選んでいるのです。

本当に辞めたいと思う人は、会社で波風が立つので黙っています。

いきなり辞表を出して、スッと辞めます。

「辞めたい、辞めたい」と言って辞めない人は、結局その場所が最も居心地がいいから辞められないのです。

「別れたい、別れたい」と言っている人も、別れません。

本当に別れたいと思ったら、中途はんぱに引きとめられないように、さっといなくなります。

「今日、別れ話をしに行ってくる」と言う人は、別れたくない人です。

別れ話にもう1回会うのさえ、本当に別れたい人はイヤです。

女性で、ダメ男君とばかりつき合う人がいます。

これは運が悪いのではありません。

その人は、それが正しいと思って生きているのです。

「私がいないと、この人は生きていけない」と感じることでしか、自分の存在感を感じられない人です。

それに対して、他人が「あなたは間違っている」と言うのは、大きなお世話です。

よかれと思って言っても、おせっかいでしかないのです。

「辞めたい」と言う人には、「そうだね」と言います。

なかなか辞めないで、就職情報誌を読むと、この場所もなかなか悪くないなということがわかったりします。

僕も会社を辞めました。
僕は、枝から枝への転職は何も考えませんでした。
会社Aから会社Bにかわっても、生き方は何も変わりません。
辞める時は、自分の会社をつくろうと思っていました。
転職を繰り返すと、一見ステップアップしているように見えます。
転職という枝から枝への飛び移りは、必ずステップダウンが起こります。
ステップアップしていくための根っこにはならないのです。

その④「辞めたい」というのを、卒業しよう。

5

好きなことをやっていると、生涯年収は多くなる。

好きなことをやっていて大丈夫です。

僕は、中谷塾という学校をやっています。

塾生は「塾に来るようになって、好き嫌いが激しくなった」と言います。

それは素晴らしいことです。

好きなことしかやらなくなったのです。

「嫌いだけどやらなければならないことだからやっている」ということをやらなくなったのは、ひと皮むけたからです。

まわりからどう見られるかは考えません。

塾生の中には、フリーランスで仕事をしている人もいます。

優秀で、毎日仕事の依頼が来ます。

その仕事以上のことをやります。

その人は、私の授業がある時はちゃんと来ます。

忙しくて来られないはずなのにと不思議に思っていたら、変わったそうです。

おいしい仕事、儲かる仕事でも、あまりやりたくない仕事を断れるようになったのです。

やりたくないけど、儲けになる仕事を断っていると収入が減るように思いがちです。

それは短期的な判断です。

人生という長期的な判断をすると、やらなければならないことをやっている人の生涯年収はきわめて低いです。

「あんな好きなことをやっていたら食べていけないよ」と言われる人のほうが、実は生涯年収は圧倒的に多くなります。

これが人生のマーケティングです。

ビジネスにおいてはマーケティングをやっても、自分の人生のマーケティングは忘れることがあるのです。

好きなことを一生懸命やって結果が出れば、それは会社のためにもなります。

それだけではなく、**まわりの人のためにも、チームのためにも、家族のためにも、好きな人のためにもなっていく**のです。

その5「断れない」を、卒業しよう。

6

好きなことをやった年数が、寿命になる。

多くの人が、なんとなく「好きなことをやっていてはいけないんじゃないか」ということをすり込まれています。

これは、学校の先生や親がすり込んだのではありません。

他人のすり込みより、自分のすり込みのほうが強いのです。

どんなに上司が一緒にいようが、先生が一緒にいようが、親が一緒にいようが、24時間一緒にはいません。

でも、自分自身は24時間一緒にいます。

しかも、寝ている間も脳は起きていて、「そんな好きなことばかりやっていたら、人生ダメになるぞ。うまくいくはずがない」とすり込んでいきます。

仲間の中で、好きなことをやって成功する人が出てきます。

そうすると、「**自分はやらなければならないことをやっているのに、まだまだ全然評価を受けない。**誰もほめてくれない。あいつなんか好きなことをやっているのに、なんでほめられるんだ。お金儲かっているんだ。モテているんだ」と考えます。

次に、「あいつは才能があったからだ」という声が脳の中で聞こえます。

「それなら仕方がない」というすり込みが、寝ている間に起こるのです。

でも、「あいつ、昔から知っているけど才能ないもん。あいつより自分のほうが才能はある」という意識が目覚めた時に、また夜中寝ている間に脳がささやき始めます。

そして、「あいつは運がよかった。おまえは運が悪かった。仕方がない。このままやらなければならないことをやろう」と納得してしまいます。

これは、他人のすり込みではありません。

自分がすり込んでいるのです。

その人は、**一生やらなければならないことで、たかだか80年、100年の人生を終えていく**のです。

「長生きしたい」と誰もが言います。

やらなければならないことで長生きすればするほど、しんどいだけです。

200歳まで生きられるとなると、なおのことキツいです。

通常の人の3倍も4倍も、やらなければならないことをやり続けるのは地獄です。

結局、長生きすることが重要なのではありません。

その人が**好きなことを何年やったかが、その人の寿命**なのです。

一見、好きなことをやると、快楽主義のようにとらえられます。

しかし、**好きなことをやると、必ず人間はストイックになります。**

好きなことは、ストイックにならざるをえないのです。

それは、ストイックになろうとしてやっているのではありません。

好きなことをただやっているだけなのに、必然的にストイックになります。

ゴルフで朝5時に起きている人は、ストイックで起きているのではありません。

ゴルフに行きたいからです。

目覚まし時計はいりません。

普通、平日の仕事に行く時は目覚まし時計3個でも起きられない人が、ゴルフに行く日だけは、朝5時に勝手に目が覚めるのです。

それは、ストイックとは言いません。

朝5時に起きることだけをとらえないことです。

釣りをする人は、夜中12時起きです。

早起きのレベルではありません。

前の日の晩ごはんを早目に食べて、すぐ寝て、夜中12時に起きて釣船に乗ります。

「ストイック」という表現は、やっている本人が言うことではありません。
はたから見て言うだけです。
やっている本人はなんとも思っていません。
楽しいから早く行きたいと思ってやっているだけなのです。

35歳までにやめる

その6 目覚まし時計を、卒業しよう。

7

「休みはいらない」と言う人が、リーダーになる。

「自分が好きなことをやっています」と言う人でも、自分でそう思い込もうとしているだけのこともあります。

これは、疑似好きなことをやっている人です。

好きなことまがいをやるのは、最もヤバいです。

「やらなければならないことをやっているんです」と言う人は自覚があるのでまだいいです。

でも「私、好きなことをやっています」と言って、**好きなことまがいのことをやっている人は一番つらい**ことになります。

「こんなことをやっていると損だと思うんですよ」と言ったりします。

自分は好きなことをやっていると思っていても、損得を口に出したら、それは好きなことではありません。

好きなことをやっている人は、損得は口に出しません。

「私はこんなに一生懸命仕事をしているのに、上司は評価してくれない。あまり一生懸命やっていないあいつがなんで自分より給料が多いんだ、ポストが上になるんだ」と言う人は、好きなことをしていません。

ほめられないと満足できないのです。

でも、好きなことをやっている人は、それだけで満足です。

給料のことや、「休みをください」とは一切言いません。

「休みはいらない」と言います。

就職したあとで、起業家として独立したり、社長になる人もいます。

社長になってから、社長的な生き方になるのではありません。

社長になる人は、実はヒラ社員の時から社長的な生き方をしています。

好きなことをやっている人が、社長になります。

やらなければならないことをやっている人は、社長にはなれません。**やらなければならないことをどんなに積み上げていっても、奴隷のトップになるだけ**です。

リーダーにはなれません。

リーダーは、そういう仕事ではないからです。

何をやりたいかを決めなければならないのが、リーダーの仕事です。

自分がリーダーになってから、やり方を変えるということはできません。

結果と目的の違いです。

すでに**ヒラ社員の段階からリーダー的な生き方をしている人が、結果としてリーダーになっていく**のです。

「リーダー」という言い方は、ヒラ社員や社長という役職とは、一切関係ありません。

最初からリーダーなのです。

「自分はどっちなんだろう」とわからない人もいます。

明確な違いがあります。

土日が嫌い、休みが嫌い、連続休暇なんか大嫌いという人が経営者になります。

金曜日になると暗い顔になり、月曜日はニコニコしているのが経営者です。

経営者は仕事をしたいのです。

「土日になんで家賃を払わなくちゃいけないんだ」「土日になんで給料払わなくちゃいけないんだ」「土日なんてなければいいのに」というのが経営者の感覚です。

これは、経営者になってから身につくのではありません。

ヒラ社員で自分が雇われている側の時から、すでにそういう感覚があるのが経営者になる人です。

こういう人は少ないです。

１００人いたら99人は、金曜日はニコニコで、月曜日は暗い顔をします。

ほとんどの人が、「また1週間が始まった」「まだ水曜日か」「まだ木曜日か」「1週間長いな」という考え方です。

100人全員が社長になるわけではないからです。

100人のうち一人は「え、もう木曜？　明日1日で休み？　ウソ、なんでこんなに1週間早いの。また土日、なんとかしなくちゃ」となります。

これがカッコいい生き方です。

それこそが経営者になる感覚の人、リーダーになる生き方をしている人なのです。

35歳までにやめる

その7　「休みが欲しい」を、卒業しよう。

8

目が輝いている人は、好きなことをやっている。

「休みがもっと欲しい」「休みが早く来ればいいのに」と思っている人は、好きなことをやっていません。

たとえば、芸術家やモノをつくる人間に、休みは関係ありません。

絵を描くのが好きな人に、土日の休みはありません。

美大の絵の提出日は必ず月曜日です。

金・土・日でやらなければならないのです。

土日はひたすら徹夜をします。

仕事でも、月曜日の会議に企画書を出さなければならないこともあります。

そうなると、土日が仕事の日です。

平日よりも土日のほうが仕事をしています。

商売をしている人、サービス業の人は土日が稼ぎ時です。

僕の実家は商売をやっていました。

みんなが遊んでいる時は、サービス業が一番儲かる時です。

クリスマス、お正月はみんなが休んでお金を使うので稼ぎ時です。

これが、商売人の感覚です。

別にストイックとかそういう問題ではありません。

休みが嫌い、寝るのも嫌いで時計は一切見ません。

今好きなことをやっていて、気がついたら暗くなっていて、次に見た時に明るくなっているというくらいの感覚です。

好きなことをやっている人は、時間感覚が消えています。

学生時代にこれは経験することです。

嫌いな先生のつまらない授業を聞いている時は、「え、まださっきから

5分しかたってないの？」と、まるで時計がとまっているかのように感じます。

つまらない会議も長く感じます。

今何時か把握できているということは、好きなことをやっていないのです。

時計を見ながら一生を終えていくことになります。

そういう人は、はたから見た時に、結果として生き生きしていなかったり、目が輝いていません。

目が大きい・小さい、二重・一重、そんなことはまったく関係ありません。

たとえば、UFOが来て宇宙人に連れ去られたとします。

宇宙人に地球人の肩書はわかりません。

名刺も読めません。

それでも、宇宙人は連れ去った人を判断します。

「こいつ、目が輝いていない。家畜だな」と判断すると、血を吸われてポンと捨てられます。

キャトルミューティレーションです。

目が輝いていると、「この人はきちんとこの星でリーダーをやっている人だから丁寧に応対しなくちゃ」となります。

その判断によって部屋が分かれるのです。

宇宙人に連れていかれた時に、血を吸い取られてポンと捨てられるほうにまわされるかどうかは、くっきり分かれます。

でも、これも本人が選んだ道です。

どちらを選んでもいいですが、間違ったほうを選ばないことです。

やらなければならないことをコツコツやっている人が、ムリに好きなことをやる必要はありません。

本人がしんどくなります。

その人は、やらなければならないことをブツブツ文句言いながらやるのが好きなのです。

目なんて輝いていなくていいのです。

好きなことをやりたい人は、やらなければならないことをやる必要はありません。

「私、好きなことしかやっていないんですけど、これでいいんでしょうか」と聞く人は、それはそれで間違っていません。

「私、やらなければならないことをやっているんですけど、間違っていないでしょうか」と聞く人も、間違っていないのです。

35歳までにやめる

その8 好きなことをする罪悪感を、卒業しよう。

9

自分が心の底からリスペクトしている人の意見だけを聞く。

好きなことをやっていると、必ず外野から「おまえ、そんなんじゃダメになるよ」と言う人が出てきます。

さらに、まわりの人から嫌われます。

この時点で**「嫌われるんだったら、好きなことをやらない」と引き返す人が出てきます。**

やめようと思う人は、やらなければならないことをやる人だから戻ればいいのです。

前に行くのも、戻るのも、どちらでも正しい判断です。

どちらが間違っているということはありません。

僕の場合は、すべての人にほめてもらおうとは思っていません。

僕が「この人はカッコいい」と思う人に「それはやめたほうがいい」と言われたら、やめます。

「この人はカッコ悪い」と思っている人がいくら僕に忠告しても、そんな意見は聞きません。

私はその人になんのリスペクトもないからです。

見る人が見たらわかる、自分が絶対の信頼関係を置いている人の声は聞くようにします。

誰の意見も聞かないわけではありません。

ただし、自分が本当に心の底からリスペクトしている人の意見しか聞きません。

ところが、心の底からリスペクトしている人は、引きとめるようなことは絶対言いません。

「おまえ、そんなことやってちゃダメになるぞ」と言うのは、カッコ悪い生き方をしている人です。

僕は、カッコ悪い生き方をしている人になんのアドバイスも求めません。

「10年たって、あなたみたいになったら終わったよね」「20年たって、これか。悲惨だよね。そうはなりたくないから、あなたの言うことの逆をやりたい」と考えます。

僕は、叱られることも嫌いではありません。

ほめられることも嫌いではありません。

でも、**自分が尊敬していない人に、とやかく言われても聞き流します。**

嫌いな人にほめられてもうれしくありません。

自分が尊敬していない人に「おまえ、頑張ってるな」とほめられたら、「ちょっとやり方間違ってるかな」と思うのが正しい判断です。

自分がリスペクトしていない人からは、叱られると「よしよし、自分は間違っていない」と思えます。

リスペクトしていない人と逆のやり方をしていくのが正しいのです。

誰をリスペクトするかが、自分が進んでいく方向の基準になります。

リスペクトしていない人からは嫌われるというのが、自分の生きていく正しい道を選んでいるということです。

すべての人にほめてもらおう、すべての人に嫌われないようにしようすると、生き方がジグザグになってしまいます。

ムダなことをやって終わります。

蓄積がきいてこないのです。

何か言われるとすぐ動揺して、カッコ悪くなります。

「自分がリスペクトしている人がとやかく言うんです」と感じる人は、リスペクトしている人を間違えているか、本当にリスペクトしていないかどちらかです。

本当に正しい人を選び、リスペクトしているなら、その人から迷うようなことは言われません。
必ず背中を押してくれることしか言いません。
聞いてもいないのに教えてくるということはありえないのです。
「私の尊敬する人は教え魔なんですよ」と言う人は、相手を尊敬していません。
その人は、教え魔なのではありません。
自分の中でその人をリスペクトできていないので、拒否している気持ちがあるのです。
だから、「ヤイヤイ言われて迷っちゃうんですよ」と、教え魔に感じてしまうのです。

35歳までにやめる

その9

「みんなの言うことをきく」を、卒業しよう。

10

カッコいい生き方をする人は、低姿勢で、迷いもない。

カッコいい生き方をしている人は、なんの迷いもありません。

「これ、AかB、どうする？」と聞くと、「AじゃなくてB」と即答します。

好きか嫌いかで決めているからです。

迷うのは、正しいか間違っているかで判断するからです。

本当に自分がリスペクトしている人、好きなことをやっている人は、上から目線で「おまえ、間違っているからこうしなさい」とは言いません。

聞く側もそんなふうには感じません。

でも、何かしら上から目線で発言する人がいます。

「別に僕はあなたの奴隷じゃないのに」と思います。

やらなければならないことをやっている人は、話し方が上から目線になります。

威張っていて横柄で、カッコ悪いです。

世間は「この人は誰からも認められていない人なんだな」と感じます。

長話の人が、「オレはこんなにおまえに話してやって、いろんなことを知ってるんだ」と言っていても、まわりは「この人の話を誰も聞いてくれる人がいないいんだな」と感じます。

私は、サービス業の研修でそのように教えています。

長話をする人は、寂しい人です。

サービス業では、まずそれを聞いてあげることが仕事になります。

ペットショップでもエステでも、ひたすら話しているお客様がいます。

誰もその人の話を聞いてくれる人がいなくて、寂しいのです。

飛行機のファーストクラスに乗って横柄な人もいます。

それは、初めて乗ってあがっている人です。

乗り慣れている人は低姿勢です。

ところが、初めてファーストクラスに乗ると、自分が初めてだとバレないように頑張って威張ります。

それで横柄になるのです。

フライトアテンダントさんたちの間では、「あのお客様は初めての人」という情報が共有されます。

「ふだん乗れない人。きっと抽せんか何かで当たったに違いない。そう思って接しようね」というミーティングをされます。

でも、そのお客様にはわかりません。

そんな横柄な人に限って、フライトアテンダントさんに名刺を渡したりしますが、即ゴミ箱行きです。

ゴミ箱にたくさん名刺が捨ててあります。

横柄な人には、サービス業からすると「ああ、寂しい人なんだな」と判断して応対します。

マニュアルでもそういうふうに教えているのです。

35歳までにやめる

その⑩ 凄いと見せようとすることを、卒業しよう。

11

うまくいく前が、カッコいい。

「あの人は成功してお金持ちになったからカッコよくなった」「夢を実現したからカッコよくなった」「お金持ちの家に生まれたからカッコいい」「二枚目に生まれたからカッコいい」「美人に生まれたからカッコいい」ということはありません。

結局、カッコいいというのは、have と be の問題になります。

be のほうがカッコいい生き方です。

何かを持っているから、カッコいいということはありえません。

オシャレな時計をしているから、オシャレなカバンを持っているからカッコいいということはないのです。

「オレは、こんないい女を連れている男なんだ」ということをアピールするために、ファッションとして連れて歩く美人を選ぶタイプの男性はカッコ悪いです。

それもhaveになっています。

「今、モデルとつき合っているんだ」と言う人がいます。

モデルの彼女を持つことで、自分がいい男だ、モテる男だということを確認しなければならないほど自信がないのです。

彼女を紹介する時に、必ず「モデルなんだけど」「フライトアテンダントなんだけど」「アナウンサーなんだけど」と職業で答えるタイプは、haveの生き方をしている人です。

それはちっともカッコよくありません。

beの人は、すでにカッコいい生き方をしています。

「将来の夢はなんですか」というのは、しなければならないことをやっている人の質問です。

be の人は、将来の夢は今この瞬間に実現できます。

「中谷さんみたいに作家なりたいんですけど、どうしたら作家になれますか」と聞かれると、私は「本を書けばいいのです」と答えます。

「でも、出版社を紹介してくださいよ」と言うのは間違っています。

何かを書くのが作家という be です。

どこかで出版された自分の本を持っていることが作家ではありません。

その人にとっては、自分の単行本があることが作家だと思い込んでいるのです。

こういう人は、作家にはなれません。

本当の作家は、1冊も本はできていなくても、パソコンの中でたくさん書いています。

この人が、be としての作家です。

ハッピーで目が生き生きしています。

「ずっと作家になりたくて頑張っているんですけど、なかなかなれないんです」と言う人はhaveを目指しているのです。

単行本を出すこと、出版社から出版されて本屋さんに並ぶことが作家なのではありません。

作家というのはbeです。

肩書ではなく、生き方です。

気がついたら書いてしまうのです。

お金を払ってでも書きます。

「作家は印税生活でなかなかおいしいんでしょう」と言う人は、印税をhaveしたいだけです。

実際にいかに儲からないかということを体験すると、「意外に儲からないですね。やめた」となります。

その人は、作家的生き方をする人ではなかったのです。

儲かる仕事をしたいなら、ほかの仕事をしたほうがはるかに儲かります。

生活のためなら、別の仕事をしたほうがいいです。

beとしての作家の生き方をしているのは、お金を払ってでもやりたい人なのです。

35歳までにやめる

その⓫ 所有することを、卒業しよう。

好きなことには、授業料を払える。

好きなことかどうかは、お金を払ってでもやりたいことかどうかでわかります。

将来の働き方は、『働く』側がお金を払う時代になります。

今はまだ過渡期です。

不思議なことに、働いている人間がお金をもらっています。

これは、やらなければならないことをやっているからです。

習いごとは、自分の好きなことです。

僕は、ボールルームダンスを10年習っています。

習いごとに行って、先生に「1カ月いくらくれますか」と言うことはありえません。

習いごとなら、先生からお金をもらうことがありえないと思うのに、仕事だと「いくらくれますか」ということになるのです。

それは、その人がやりたいことではないからです。

就職する時には「自分の可能性に挑戦して、自分自身を成長させるために」と言ったりします。

自分が成長させてもらっているなら、成長させてもらっている代、仕事を教えてもらっている代として授業料を払って当たり前です。

「給料をくれ」と言うのはおかしいです。

これがおかしいと感じられないのは、好きなことをやっていない、カッコ悪い人ということです。

習いごとをして、お金を先生からとるのはカッコ悪いです。

レッスン料のほかに、たまにはケーキでも差し入れしようかというのが習いごとの世界です。

それなのに、会社になると急に「給料がちょっと」「休みがちょっと」と不満が出てきます。

21世紀のこの瞬間において、習いごとと仕事の境目はなくなっています。すべてのことが学習であり、習いごとです。

働いて給料をもらうというのは、20世紀までの奴隷の仕事の仕方です。

21世紀はそんな仕事のやり方ではありません。

カッコいい人は、働いて、1カ月教えてもらっている分の授業料を自分が会社に払える人です。

「僕も作家やりたいんですけど」「役者やりたいんですけどね、儲からないんですよね」と言うのは、好きなことではないからです。

好きなことは、「どれぐらい儲かりますか」ということは聞きません。

損得という発想は、好きなことの中にはありません。

「中谷さん、ダンスをやっていてどんなメリットがあるんですか」「いくら儲かりますか」「レッスン料って高いんですよね」と言う人がいます。

好きだから、そんなことは考えません。
どんなにデメリットがあっても、それが気にならないのが好きなことなのです。

35歳までにやめる

その⑫ 損得を、卒業しよう。

13

面倒を感じないことが、好きなこと。

デメリットと感じるのは、それを好きでない人がはたから見た時に「あれ、面倒くさいんじゃないの」と言うのです。

ゴルフを好きでない人は、「よく朝から起きて遠いところまで行って、帰りの運転手までやるよね」と思います。

好きな人には、なんの抵抗もないことです。

ジグソーパズルを1週間かけてやる人がいます。

ジグソーパズルは、ピースの量がはんぱではありません。

すごいピースの量になると、1カ月ぐらいかかります。

でき上がった時に、誰にほめられるわけでもありません。

でき上がって、いくらもらえるわけでもありません。

しかも、ジグソーパズルが好きな人は、ピースが多くてむずかしいものにトライします。

「私、ジグソーパズル好きなんですよ。10ピースぐらいのもの、何かないですか」と言うのはありえません。

嫌いだから10ピースぐらいと言うのです。

好きなことは、手間がかかるものほど楽しいのです。

土日に高級食材を売っているお店に行くと、男性が圧倒的に多いです。

かなり手間がかかることをやっています。

それは家事ではないからです。

「そんなんだったら、あなた、365日やってみなさいよ」という奥さんの言い分もわかります。

料理が家事になると、どれだけ手抜きができるかという考えになります。

ところが、**料理が趣味になると、どれだけ手間をかけられるか**というところに行きます。

手間をかけたほうが、楽しいからです。

「私、料理好きなんですよ」と言って、レトルトを使うのはありえません。電子レンジでチンするだけなら、料理をするのが好きな人ではありません。

料理が好きな人は、「いや、ここから行くんですよ」と下ごしらえにこだわります。

手間がかかるところが楽しいのです。

have になったら be になれる、本を出したら作家になれるというのは大間違いです。

何か書いているから本が出るという流れになるのです。

コツコツ書きためているものがあったから、それが本になったのです。

チャンスをつかめるというのはこういうことです。

「出版社を紹介してください」という相談がよく来ます。

出版社を紹介すると、「企画書を見てください」と言います。

企画書なんて見ません。

編集者が見るのは、書かれた原稿です。

素人の企画書ではどういう上がりになるか、判断できません。

会社の会議にかけようがありません。

haveが先行する作家になりたい人は「注文が来たら書く」と言います。

企画が通ったらやるということです。

でも、原稿がなければ企画は通りません。

「何か原稿あるの」と聞いて、「いや、まだないんですけど、注文が来たら注文に合わせて書こうと思うんです」と言う人はhaveが先行しています。

beの人は、気がついたら「これ、なんのためだろう」とわからないことをたくさん書いてしまっています。

最初の仕事に注文など来るわけがありません。

注文もないのにやっているのが、好きなことです。

注文が来てからやるのは、好きなことではありません。
作家というのは、注文がないのに書いている人です。
これがbeとしての作家的生き方です。
職業としての作家ではないのです。

35歳までにやめる

その⑬ 注文を待つことを、卒業しよう。

14

超一流のわき役は、三流の主役よりカッコいい。

「カッコいい仕事」「カッコ悪い仕事」という分け方はありません。

1本の映画の中で、主役はカッコいいけれどもわき役はカッコ悪いということはありえません。

超一流のわき役と一流のわき役と三流のわき役がいるだけです。

役が大きい・小さい、セリフがどれだけあるかは have の問題です。

その人のカッコよさにはまったく関係ありません。

カッコいい人は、超一流の仕事のやり方をしている人です。

三流の主役より、超一流のわき役のほうがはるかにカッコいいです。

超一流のエキストラさんがいます。

TVドラマを見ていても気づく人はまずいません。

画面にほとんど映らないからです。

たとえば、しょいこを背負って、遠いところで仕入れてきた魚を市場に運ぶ行商役があります。

どのドラマでも同じエキストラのおばさんです。

その人は、それのプロです。

マネはできません。

エキストラさんのギャラはたしかに安いです。

その中で、超一流のエキストラさんと三流のエキストラさんに分かれます。

エキストラさんは台本をもらえません。

口頭で助監督さんが「このシーンは、主役がこういうふうにするところです。こんな感じで歩いてください」と説明します。

主役にはセリフがあります。

エキストラさんにはセリフはありません。

もちろん、どこからどこまで映っているか、今なんの作品を撮っているのかもよくわかりません。

でも、超一流のエキストラさんがいることは間違いありません。

主役が「あ、しまった。時間が遅れている。間に合わない。なんとかしないと」というセリフを言って、バッと走っていきます。

カメラはワンカットではなくて切ります。

主役が立ちどまり、「あっ」と時計を見ます。

その時計のアップがあり、タクシーを探す、つかまらない、走り出すというのはカットが切れています。

後ろでエキストラさんが歩いています。

その時、「さっきの立ち位置に戻ってください」と言われて、自分がどこを歩いていたか思い出せない人は、エキストラさんとしては次から呼んでもらえません。

カットが切れている時は、さっきの立ち位置に戻り、さっきと同じように歩きます。

たばこを吸っているなら、さっきと同じように吸います。

これができないと、エキストラさんとしては次の仕事が来なくなります。

それができる人は、また呼んでもらえます。

主役になっていくということではありません。

超一流のエキストラさんになっていくということです。

それを、「あの人はセリフがあるからすごい」「セリフがないからダメ」と判断するのは、カッコ悪い世界で生きている人です。

その判断基準がカッコ悪いのです。

35歳までにやめる

その14 「主役がすべて」と思うことを、卒業しよう。

15

「今日、こうしよう」と決めることで、カッコいい生き方に変われる。

すべての仕事、あらゆる職種、あらゆる役で超一流の人は、個人のこだわりがある生き方をしています。

カメラに映らないところ、人が見ないところで黙々とした努力、黙々とした工夫をどれだけやれるかが大切です。

それは、見る人が見ればわかります。

講演している時も、全員に話そうとすると疲れます。

「しなければならないからここに来た」という人がいるからです。

でも、中には、自分が今当たっている壁をブレークスルーするためのヒントを一生懸命つかんで帰ろうとしている人もいます。

僕は、その人にこたえようと思って頑張っているのです。
これは、僕の中で、見る人にしかわからない見えない努力です。
お客様が多い・少ない、みんなが聞いているかどうかというのは全然関係ありません。
一生懸命聞こうとしている人に基準を置いて話します。
これが僕のbeとしての生き方です。
haveは一切関係ありません。
haveには興味がないのです。
「将来の夢はなんですか」と聞かれても、何もありません。
beは、今この瞬間の意識からなれます。
haveは時間がかかります。
beは、自分の意識の持ち方でしかありません。
「こういうやり方をしよう」と決めるのは、なんの予算も時間もいりません。

誰の邪魔もありません。

嫌われてもいいし、ほめられなくてもかまわないのです。

損得は考えません。

今日からできることで、なんの準備もいらないのです。

「今日こうしよう」と決めるだけです。

自分がそう思ったことを、まわりのほとんどの人は気づきません。

でも、見る人が見れば「変わったね」とわかります。

「やったな」と背中を叩いてくれます。

僕もそうやって生きています。

みんながみんなそうでなくていいのです。

have で生きる人がいてもいいのです。

「have じゃなくて、be で生きようよ」とは言いません。

have で生きる人は have で生きればいい、be で生きる人は be で生きればいいのです。

究極、人間は、

①　haveで生きている人

②　beで生きている人

の2通りにくっきり分かれています。

「どちらを選ぶかはみんなの自由ですよ」と道を示してあげるのが、僕の仕事です。

どちらも間違っていません。

仕事でもプライベートでもカッコよくなりたい人はbeで、カッコよくなりたくない人はhaveで生きていけばいいのです。

「中谷さんはどちらですか」と聞かれれば、私は「beです」と答えます。

35歳までにやめる

その15　他人の生き方に干渉することを、卒業しよう。

第2章

「会社に左右される生き方」をやめてみる。

16

エレベーターの中で、ゾンビになっている自分に気づこう。

エレベーターの中で、ゾンビのような顔になっていませんか。

ある会場で、研修のためにエレベーターに乗りました。

私が一緒に乗ったかごの中で、「こんにちは」と挨拶した人は一人もいませんでした。

上まで行って飛びおりるんじゃないかという暗い顔で乗り込んで、数字だけじーっと見ているのです。

あの顔色であの覇気のなさで、お客様や仕事仲間に会ってはいけません。

「ありがとうございます」と言って、お金を稼いでいるわけでもありません。

元気を売るのが、仕事です。

自分自身に元気がなければ、売る元気が残るわけがないのです。

少し疲れすぎています。

元気がないのは、ヤル気がないからでも、いいかげんだからでもありません。逆です。

まじめに一生懸命やっているにもかかわらず、結果が出なくて、評価されず、喜ばれないのです。

それで元気がいつの間にか奪われて、貧乏神の顔になっているのです。

あなたは、1点差で負けている試合のロスタイムに、交代で出てきた選手になるのです。

あなたの仕事は流れを変えることです。

この先5年以内に、会社は、10社中9社がつぶれます。

5年後の生存率は、10分の1です。

一人ひとりの生存率は、顔の表情だけで一瞬でわかります。

10人の中で生き残る一人を選ぶとしたら、一瞬で選べます。

5年後、10人の中で生き残っているのは、一人です。

9人は路頭に迷っています。

その危機意識の感覚があるかどうかです。

今は売上げが下がっていることを心配しています。

でも、その心配は間もなく、なくなります。

売上げが下がるどころではありません。

自分の勤めている会社がなくなるから、売上げの悩みは消えてなくなるのです。

あと5年以内です。

「5年以内」は「明日かもしれない」ということです。

いずれにしても、生存率は10分の1です。

例外的な業界は、ありません。

会社がつぶれても生きていけるようになって欲しいのです。

会社がつぶれても、「自分が社長になって、生き延びてやろう」という気持ちになればいいのです。

少なくとも、そういう状況がわかっただけ、生き延びていけるチャンスがあるのです。

タイタニックのように、船が沈もうとしています。

「船が沈みますよ」と言っても、「こんな船が沈むわけがない」と思い込んでいるのが普通です。

組織で働いていると、ついそんな油断した感覚になるのです。

大阪での講演で、私は「うつむかないようにしよう」という話をしました。

講演後、エスカレーターで帰る人たちが、「今日、早速これやるんだ」「早速、試そう」と、みんな大声になっていたので、ほっとしました。

35歳までにやめる

その16 悲壮感いっぱいに必死にやることを、卒業しよう。

17

伸びる企業は、人事部が明るい。

アメリカの会社に人事はないのです。

たとえば、アメリカで経理の仕事をしている人が、もっと大きな経営企画室に移りたいと思えば、まず、今勤めている会社を辞めます。

そして、ビジネススクールでＭＢＡをとって、再びその会社を受け直します。

これがアメリカのやり方であり、世界の就職形態です。

社内での異動はないので、人事がいらないのです。

日本の会社では、上司が部下をクビにすることはできません。

ところが、アメリカ映画を見ていると、「クビだ」と言われたら、脅しではなく、本当にクビです。

「おまえ、採用」と言われたら、いきなり働いています。

日本では、普通ありえません。

課長に「おまえは明日からこの部屋へ座れ」と言われたり、出世も個人の意見でコロコロ変わります。

組織としての人事部ではなく、それぞれの部署の責任者が人事権を持っているのです。

これがインターナショナルルールです。

日本の人事部は、よくも悪くも作用します。

人事という仕事は、日本の企業の生命線なのです。

通常、社内で人事に配属になると、へこみます。

人事の人を見れば、伸びていく会社かどうかがわかります。

私はいろいろな会社の研修に行っています。

大手企業も、中小企業も、ベンチャー企業も、伸びていくかどうかの判断基準は、人事担当者・研修担当者・採用担当者が明るいところです。
人事部の扉があいていて、オープンな会社が伸びていくのです。

35歳までにやめる

その17 花形部署への異動を期待するのを、卒業しよう。

18

「これはやらない」という差別化ができている人は生き残る。

5年以内に、10人中9人があぶれます。

生き残る一人は、ブランド力のある一人です。

「ブランド力」は、勘違いの多い言葉です。

ここでは「差別化できている」ということです。

差別化は、「こういうことができる」ではなく、「こういうことはやらない」ということです。

これがマーケティングです。

あれもこれもできるというのが、総合デパートであり、総合自動車であり、総合家電です。

こんな会社は、今、全部つぶれていっています。

総合○○会社という形も、消えてなくなります。

大手企業も、今の総合的な形のままでは、まず残りません。

大手は、今、会社の中をどんどん細分化しています。

大手企業は、先にがけっぷちに立っています。

「このまま行ったら、この業態、このビジネスモデルは寿命が来る」ということを、先に気づいているのです。

大手の創業者は、机1個、電話1本のベンチャービジネスから始めて、そこまで大きくした人たちです。

だから、「このままだと、大きい船は沈んでしまう」と気づいて、小型の船舶に改造しているのです。

ところが、あとから来た第二集団、第三集団の企業には、そんなことは一切わかりません。

先頭を走っている者しか、最初の壁には気づかないのです。

第二集団、第三集団は、あとから来ているから有利ということはありません。

がけに気づかず、落ちていくのです。

差別化のポイントで、一番わかりやすいのは「お客様を減らす」ということです。

そのためには、自分自身をブランド化していかなければなりません。

これからの時代は、何が起こるかわかりません。

こんなことが平気で起こるのです。

まったく違和感はありません。

ひょっとしたら、ビール会社も自動車会社も1個になります。

そんなことが毎日起こり続けます。

どんなことが起ころうが、差別化できている人は生き延びられるのです。

差別化するためには、「やらないこと」を明確に決めておきます。

そうすれば、ブランド化できます。

ルイ・ヴィトンやエルメスは、いろいろなモノを売っているように見えます。

でも、実はやらないことがびっしり決められています。

ディズニーランドも、「こんなことをやったら儲かる」という話はたくさんあります。

でも、やらないのです。

これがブランドです。

どこに行っても、キティちゃんのマークがあります。

ところが、サンリオの辻社長は、**やらないことをたくさんつくっています。**

キティちゃんやミッキーが出てくる戦争ゲームをつくったら、売れます。

でも、それをやったらブランドが崩壊します。

ブランドは、何をやらないかを決めることなのです。

35歳までにやめる

その⑱

「なんでも、やります」を、卒業しよう。

19

一人のお客様に、10倍のサービスをする。

差別化するためには、1つはお客様を減らすことです。

今の時代は、黙っていてもお客様は減っていきます。

差別化するのに、こんなに最適な時代はありません。

最大のチャンスです。

お客様が減ることをネガティブにとらえる人は、10人中9人の消えていく人になります。

ありがたいことに、お客様が減って、今まで10人いたお客様が一人になります。

そうすると、**今まで10人に分散していた力を一人に集中できます。**

お客様にとっては、こんなうれしいことはありません。

これを喜べる人が生き残れるのです。

10人のお客様に対応できるキャパシティを持っていたら、そこで何を望むかです。

そこに20人のお客様が来て、10人が待っている状態なら、お客様が得るものは半分に減ります。

それを望む人は、お客様の利益をまったく考えていません。

お客様の幸せを半分にして、自分が2倍の利益を得ようとしているのです。

こういうビジネスモデルは、1年はもっても、2年目からはつぶれます。

市場を荒らすことになるので、その人はしばらく再起不能になります。

逆に、大喜びで一人に10倍のサービスをする人は生き残れます。

限られたエネルギーを、いかに選択集中するかです。

現実問題として、エネルギーの量を増やすことはできません。

仕事は現実論です。

この話をすると、「一人しかお客様が来なかったら、売上げが10分の1になるじゃないですか」という疑問が出ます。

ところが、そうはなりません。

これが現実です。

10倍のサービスをされて満足した、**たった一人のお客様が、**「あの人、いいよ」「あの会社、いいよ」と、**10人のお客様を連れてきます。**

広告料は一切いりません。

ここで営業活動もやめられるのです。

新規顧客開拓をすればするほど、お客様の数は減っていきます。

自転車操業になって、消耗していくのです。

中谷塾にコンサルタントの人が来ています。

「今まで必死で営業していたのに、塾に来てから営業をしなくなりました」

と言っていました。

新規顧客の開拓を一切しないで、今までのお客様にその分のエネルギーを注ぐことで、結果、お客様が増えたのです。

35歳までにやめる

その⑲ **新規のお客様を増やそうとすることを、卒業しよう。**

20

小さな市場に絞り込む。

インターネットであなたの仕事を告知しても、それだけでは依頼してくれるお客様は来ません。

アクセスされるのは、トップページに載っているところだけです。

差別化できないと、インターネットのトップには載れません。

差別化なしにインターネットに掲載しても、意味がないのです。

トップページに載るかどうかは、広告料は関係ありません。

それがインターネットの世界の恐さです。

会社が大きいか小さいかも、一切関係ありません。

差別化は、狭いところをついていくことです。

「こんな狭いところをついたら、お客様に見てもらえないし、商売にならない」ということしか、逆に商売にならないのです。

それがブランドです。

あれもこれもやることが、いかに生き残れないかということです。

たとえば、オムライスが食べたいと思ったら、なんでも屋さんより、洋食屋さんに行きます。

ところが、洋食屋さんには、ハンバーグもナポリタンもあります。

洋食屋さんとオムライス専門店なら、お客様はオムライス専門店に行きます。

洋食屋さんの売上げがだんだん下がっていった時に、どうするかです。

今や198円のお弁当が出始めています。

生活費を切り詰めると、食費を切り詰めるようになります。

オムライスですら高いのです。

あれだけ「中国産が怖い」と言っていた人が、「中国産でもいいや」と言い始めています。

大切なのは、世の中に文句を言わないことです。**世の中に文句を言うことは、お客様に文句を言うことと同じ**です。

ここでやるべきことは、品数を減らすことです。

「でも、ナポリタンもカレーもハヤシライスも食べたい人がいる」と言っていたら、オムライス1品で勝負できなくなります。

ここでラーメンを入れる人が出てきます。

「ラーメンも広い意味では洋食だ」という、よくわからない論理です。

「ラーメン始めました」と壁に張り出されます。

ブランド力が崩壊し始めると、歯どめがきかなくなるのです。

少しでもお客様を増やそうと思った瞬間に、薄まったことをやってしまいます。

ラーメンの次は、冷やし中華が始まります。

そうなったら、もうおしまいです。

次は「寿司始めました」になります。

「だって、お客さんにお寿司が好きだと聞いたんですよ」と言うのです。

オムライスとお寿司の両方あるお店で、どちらかを食べたい人がいるでしょうか。

特にナマものは怖いです。

オムライスを食べに来た人も、「ここはお寿司もあるから、やめておこう」ということになります。

やがて、「ちゃんぽん始めました」となります。

これではオムライスを食べることがなくなってしまいます。

これをしないことです。

狭いところをついていくのが、マーケティングであり、ブランドです。

すべての仕事で、人間が、最も鮮度が必要で、専門性を要求されます。

すべての仕事が、サービス業なので、微に入り細に入り、琴線のひだに触れなければなりません。

これはむずかしいです。

細かいことをいくらやっても、キリがありません。

だからといって、アバウトなことはやってはいけません。

今の仕事が振るわないからといって、メニューを増やし始めたら、お客様に、「なんでメニューが載っているんだろう」と思われます。

そんなところには、誰も行きたくないのです。

その20 メニューを増やすことを、卒業しよう。

21

イレギュラーなオーダーを集める。

石垣島に「辺銀食堂《ぺんぎんしょくどう》」というところがあります。

もともと中華料理屋さんだったのですが、ギョウザしか売れないので、ご主人は悩んでいました。

ある時、お客様に「このラー油、売ってもらえませんか」と言われました。

実は、ギョウザがおいしかった以上に、ラー油がおいしかったのです。

ここでどう考えるかです。

「冗談じゃない。うちはラー油屋じゃない。ラーメンとチャーハンも食べてくれ」と突っぱねることもできます。

大切なのは、お客様を決して否定しないことです。

これはチャンスです。

ご主人は、店を閉めて、2階をラー油工場にして、ラー油屋さんを始めました。

お店の看板も出ていないのに、朝から始めて、お昼にはほぼ売り切れるのです。

工場といっても、家族が手作業でビンに詰めています。

私が行った時は、一人につき小ビン2本までしか買えませんでした。

今は、一人1本までなりました。

本土から、わざわざ飛行機に乗って石垣島まで買いに来るのです。

家族でやっているので、1日の生産量には限界があります。

タクシーの運転手さんに一緒に降りてもらって、タクシーの運転手さんの枠で1本買わせてもらうという世界です。

これがブランドです。

あなたの仕事におけるラー油は、一体何かということです。
実は、これは考えなくていいのです。
お客様のヘンなオーダーを思い出してください。
そこに未来があります。
それが辺銀食堂におけるラー油です。
メニューには載っていないものです。
あるホテルで出している塩ポン酢がおいしいので、全部持って帰りたくなります。
売って欲しいのですが、商品ではありません。
そういうものが印象に残るのです。

その21 「なんでも、できます」を、卒業しよう。

22

走り書きで書かれたことが、ビジネスの大きなヒントになる。

イレギュラーなオーダーは、お客様から発生します。

あまりにもイレギュラーなので、メモもされません。

書いたとしても、走り書きで小さくクチャクチャと書かれているので、読み返されないのです。

でも、ここにビジネスの大きなヒントがあります。

未来は手帳の中に書かれています。

ただし、きっちりとは書かれていません。

「何言ってるの」というリアクションだからです。

レギュラーなオーダーなら、「ありがとうございます」と受けやすいのです。

ところが、「エッ」と思うオーダーが出ます。

大体帰りぎわです。

得意先を訪問して、帰りがけに「どうもありがとうございました」と言って、エレベーターの閉まりかけに出るのです。

ここで**メモ帳を出して、お客様の一言をメモできた人が生き残れる人**です。

私もメモが好きです。

アイデアは、寝ている時や夢の中によく出てきます。

ふっと起きて、「すごいことを思いついた」とメモをします。

でも、朝見ても、何を書いているのかわからないのです。

でも、それが大きなヒントになります。

それを捨てないでください。

一から考える必要は、一切ありません。

これからするべきことは、手帳の中に書いてあります。
それを読み返してください。
端っこに、走り書きで、判読不明な文字で書かれています。
殺人事件の血染めのダイイングメッセージのような感じです。
イレギュラーなオーダーが、差別化するポイントなのです。

35歳までにやめる

その㉒ 一見儲かる仕事から、卒業しよう。

23

みんなとかぶらないキャラを、引き出すことが、教育。

教育は、その人のいいところをどう引き出すかということです。

何かを乗せることではありません。

「エデュケート」は「エデュース（引き出す）」から来ています。

その人のいいところを引き出すことが、力の見せどころです。

「この部下は一見こうだけど、こういういいところがある」と思えるかどうかです。

一見、暗い人がいます。

のんびりしていて、シャキシャキ動きません。

こういう人は、サービス業に向かないと思い込みがちです。

でも、あるトンカツ屋さんは、暗くておとなしくてのんびりしている人を、最後にお茶を持っていく係として雇っています。

お支払いも終わったころに、「お茶のおかわりはいかがですか。ゆっくりしていってください」と出されると、「ゆっくりしていいんだな」と、ほっとするのです。

スローモーションな人なので、どこを受けても落ちていました。

こういう人材を生かす場もあるのです。

人間のキャラクターは、**同質化すると、それぞれの魅力が引き立たなくなります。**

流行っているホストクラブは、髪型がみんな違います。

流行っていないホストクラブは、ナンバーワンの人とみんな同じ髪型をして、キャラがかぶっているのです。

流行っているキャバクラは、キャラがみんなバラけています。

全員美人でないほうが、一人ひとりが美人に見えます。

全員美人だと、全員美人に見えなくなるのです。

教育は、何かを足すことではありません。

何かを引き出していくことです。

「この人はいつも失敗するけど、こういうところがいい。あの部署へ異動させたら、うまく合う」と頭の中で組み合わせます。

これが、競争からの脱出です。

まわりと同質を目指すと、競争に巻き込まれます。

かぶらないキャラを引き出すことで、競争から抜け出せるのです。

35歳までにやめる

その23 **同質化する競争を、卒業しよう。**

24

仕事を変えるより、学習で仕事のやり方を覚えよう。

結婚情報会社に登録している人で、何回お見合いしてもまとまらない人がいます。

その人に「もうちょっと希望のランクを下げたら、いくらでもまとまります。高望みをやめましょう」と言うのが、あっせん業です。

でも、教育ビジネスは違います。

「もっと高望みしよう」と、志を引き上げていきます。

「時給2000円でいいです」と言ったら、「ダメダメ、もったいない。これを身につけることで、あなたは2000円から3000円にも5000円にもなっていく」と言うのが、教育ビジネスなのです。

楽天は、インターネット通販の最初の会社ではありません。

ネットショッピングの会社は楽天より前にもありました。

ところが、消えていったのです。

楽天が残っているのは、ただの通販ビジネスの会社ではなかったからです。

楽天には「楽天大学」があります。

ネットショッピングで、より売上げを上げるために勉強する大学です。

登録するお客様に楽天大学で**勉強してもらうという仕組みが、**楽天成功の**最大の秘密**です。

ただ登録するだけでは、1つも売れません。

アウトプットだけマネしてもダメです。

ある地方のお豆腐屋さんは、日本全国から注文が来て、あっと言う間に完売します。

年商は何億円です。

そこだけを見て、みんな参入します。

1回は登録しますが、それだけで売れるわけがありません。

ここで「なんだ、売れないじゃないか」と離脱したら、それでそのお客様はおしまいです。

年商何億というお豆腐屋さんは、お豆腐1品で何億円と稼いでいます。

実は、商品のつくり方、商品の切り口、売り出し方、お客様との対応の仕方、クレームの対応の仕方は、楽天大学で教えています。

教育することで、お客様は学習し、成長していけるのです。

転職をするより、今の仕事のやり方を変えることで、成功できるのです。

35歳までにやめる

その24 **転職願望を、卒業しよう。**

25

経営者のマインドを持つ。

お客様を教育するのも、あなたの仕事です。

もっと成功する提案ができなければなりません。

お客様の出入り業者になることはやめて、きちんと独立したコンサルタントになることです。

コンサルティングは、問題解決です。

お客様の問題を解決して、新しい利益機会をつくることが大切です。

「お客様の一生を面倒みていく」という気持ちでいるかどうかです。

最少の人件費で最大の効果を出すことが経営者の狙いです。

経営者のマインドを学ぶことです。

経営者のマインドがわかったら、トップになります。
経営者を指導することもできるのです。
経営者のマインドで経営者にならないことが、一番の勝ちなのです。

35歳までにやめる

その㉕ 出入り業者を、卒業しよう。

26

急激な成長が、ヤバい。

「変化」というと、右肩下がりのことだと思いがちです。
右肩上がりのことを「変化」とは言いません。
ただ「儲かっている」というだけです。
これは本当はおかしいです。
現状維持から上に上がろうが下に下がろうが、変化には違いありません。
人間は不思議です。
儲かっている時は、「おかげさんで」とニコニコしています。
下がると、「ウワッ、大変」となるのです。
本当に大変なのは、**突然ヒット商品が出て、倒産のスパイラルに入るこ**

とです。

優れた経営者は、売上げが急激に上がった時に「ヤバい」と感じます。

支払いサイトの単位で、支払いが2カ月で受け取りが3カ月なら、その間に1カ月の差があります。

こういうところで今までの売上げが10倍伸びたら、資金ショートを起こして倒産します。

回転資金の現金がなくなるのです。

経営者が一番困ることは、急激な成長です。

この感覚を持つことです。

これが経営者マインドなのです。

ヒット商品が出ない間は、今の工場で細々とまわっています。

ところが、ヒット商品が出ると、「今売らないと」と思って、工場をつくり、人を雇います。

ところが、工場が完成したころにブームが去ります。

成熟社会は、昔に比べてブームの去るスピードがはるかに速いのです。

いちどきに大量に体験すれば、消耗が激しくなります。

つまり、飽きるのです。

その瞬間、お客様は前よりもっといなくなります。

残ったのは、工場と正社員と借金です。

その瞬間、銀行が大挙してやってきて、「一括返済をお願いしたいんですが」と言うのです。

これで会社は倒産します。

きわめてよくありがちな流れです。

最後に銀行がやってくるところまで、絵に描いたようなことが起こります。

別に銀行が悪いわけではありません。

悪いのは、たまたま運悪くヒット商品が出て、工場をつくったことです。

工場や正社員のような固定資産を抱えることがいかにリスクを伴うかを、

経営者はわかっています。

固定費の比率をいかに小さくしていくかということなのです。

35歳までにやめる

その㉖ 大ホームラン狙いを、卒業しよう。

27

景気の悪い時が、自己改造のチャンス。

世界のホテルは、人件費率が平均25％です。

ところが、日本のホテルは人件費率が平均33％です。

この８％の差は、戦えないのです。

ホテルは利幅の小さい仕事です。

どんなに混んでいるクリスマス、お正月、お盆でも、２００室のホテルは２００室しか売れません。

一方で、オフシーズンもあります。

８％も差がついているのは、正社員の年功序列の給与体系によります。

企業の中で最も改造しにくいのが、給与体系です。

給与体系の改革は、総本山です。

どこの会社でも、クビにしたい役員、クビにしたい40代、50代はたくさんいます。

稼いでいないのに給料だけ高くとっている社員たちです。

ところが、クビは切れません。

目の前にいる人のクビを切ることになるからです。

最終的に、「社長を辞めてください」ということになります。

社長が一番ムダにお金をとっているのです。

給与体系を変えることは、役員の数を減らすということです。

ですから、役員会は通りません。

国レベルで言うと、国会議員の数が不必要に多いのは、国会議員の数を決めているのが国会議員だからです。

すべての会社で、人事改革は最もむずかしいのです。

自分のクビを切られることを人事部がやるわけがありません。

ところが、これが世の中の面白いところです。

今の時代は、抜本的な改革が唯一できる時代です。

好景気の時代にはできません。

景気が縮小して、右肩上がりでなくなって、**明日会社がなくなるかもしれない時だからこそ、人事改革は一気にできる**のです。

大きい会社であろうが、小さい会社だろうが、関係ありません。

そんな時代だからこそ、人事改革ができる最大のチャンスなのです。

個人でも、不景気の時こそ、自己改造をするチャンスなのです。

35歳までにやめる その27

景気回復を待つのを、卒業しよう。

28

生き残る経営者とつき合う。

右肩下がりをネガティブにとらえないことです。

右肩下がりの時代に、会社が生まれ変われるチャンスです。

つまり、**変化の時代にビジネスのチャンスが生まれる**のです。

今の時代が、いい時代なのか悪い時代なのかということです。

不動産会社が儲かるのは、マンションの値段が上がった時か下がった時か、どちらでしょうか。

ここで経営者のマインドがわかったら、勝ちです。

上がった時に儲かるだろうという人が大半でした。

実際は逆です。

不動産会社は、マンションの値段が下がった時に儲かります。

マンションの値段が上がっている時は、ひとつも儲かりません。

不動産会社の経営者は、値段が上がっている時は、いつはじけるかとハラハラしています。

不動産会社に働いている人に「どうですか、最近」と聞くと、「おかげさんで、商売がすごい忙しいです」と言っていました。

今まで高かった物件の値段が、ガンガン下がっているのです。

今が買い時です。

今まで10億円だったものが、5億円になっているのです。

余裕のある人は、買ってしばらく駐車場にしています。

今、タイムズやNPCが増えています。

青山界隈でも、駐車場がたくさんできました。

でも、駐車場用地は空いています。

今つくらなくていいのです。

とりあえず安値で買っておいて、次に上がる時に何かやればいいのです。

10億円だったものが、5億円で買えるのです。

買うだけで5億円の儲けです。

すごい引き合いです。

ところが、新聞では、こんなことはまったく書かれていません。

不動産価格が下がって不動産会社がアップアップしているとか、仕事がなくなるとかは、ありえないのです。

景気が悪くなって、企業は人を減らし始めます。

そんな時代の中で、「大変だ」と顔が暗くなっている人がいます。

でも、実は「この人は儲かっているな」とわかります。

景気が悪くなって、企業が人を切り始めることで、商売繁盛している人がいるのです。

不動産と同じです。

生き残る経営者は、景気が悪くなることで、今まで切れなかった正社員まで切り始めています。

役員や中間管理職など、高い給料をとっていた人たちのクビが、やっと切れるのです。

企業がよその傘下に入って、いきなり外国人のトップが来ます。なんのしがらみもないから、遠慮なく人を切るので、気持ちがいいのです。

会社が苦しくなればなるほど、安い人をたくさん抱えるよりは、給料の高い、稼げる人を数少なく雇ったほうがいい。

それが、経営者のマインドです。

生き残る経営者、稼げる経営者は、給料を上げて人を減らします。

こういう会社が伸びていきます。

そういう会社とつき合わなければなりません。

高い人を一人雇って、安い人を3人減らしたいのです。

これで利益が上がれば、往復でかなりの利益が上がります。

給料の安い人は、もういりません。

それが、時給2000円だった人を3000円にする理由なのです。

35歳までにやめる

その28 自分を安売りすることを、卒業しよう。

29

人数を減らすと、スタッフの能力がアップする。

10人のスタッフでやっている飲食店があります。

忙しくてしょうがありません。

お客様から「いつまで待たせるんだ」とクレームになります。

スタッフが店長に、「お願いしますから、人を増やしてくださいよ」と言って、２人増やします。

人件費は当然増えます。

なおかつクレームも増えるのです。

10人いたところが12人になると、スタッフの動きはますます遅くなります。

これがマンパワーの面白さです。

人数を増やすと、一人当たりの動きが遅くなるのです。

10人で手いっぱいのお店があったら、2人辞めさせて8人になると、スピードがアップして、クレームがなくなるのです。

これは伸びている飲食店の経営者が体験的に感じていることです。

10人いたところを8人にすることで、スタッフの能力がアップします。

サッカーでもよくあります。

レッドカードをもらって、一人退場します。

サッカーのようなマン・ツー・マンの戦いで、11対10で1人欠けるのは大変なことです。

にもかかわらず、10人で戦うチームが得点を上げることのほうが多いのです。

「よし、相手は10人になった。今がチャンスだ。ここで点を取れ」と思っても、絶対入りません。

人数が減ったチームは必死なので、なかなか点が取れないのです。

うかうかしていると、逆に自分が点を取られます。

今、伸びている企業の経営者は、**人数を減らすかわりに、一人当たりの給料を上げようと考えています。**

35歳までにやめる

その29 **忙しいとグチをこぼすのを、卒業しよう。**

30

お客様のグチは、聞かなくていい。

お客様を増やそうとすると、必ず減ります。

増やさなくていいと思って、今いるお客様に集中すれば、結果として増えていくのです。

企業にしても、個人にしても、お客様のグチを聞いていると、疲れます。

グチは、聞く人が悪いのです。

グチを聞く人が、グチを言わせているのです。

グチからは何も生まれません。

グチを聞くことは教育ではありません。

お客様のグチを聞くのにつき合って疲れています。

その30 グチにつきあうことを、卒業しよう。

グチと相談とは違います。

コンサルテーションは、相談です。

つまり、解決を求めているのです。

それに対して、グチは解決を求めていません。

ただ聞いてくれればいいのです。

飲み屋に行って、グジグジしゃべっているのと同じです。

これには一切つき合わなくていいのです。

そうすれば、時間が生まれます。

抱えているお客様が10人いるとすれば、一人のお客様のグチに1日つき合ったら、ほかのお客様にするべきことができなくなります。

グチを聞かなければ、それだけでラクになるのです。

31

お客様のライフスタイルを聞く。

グチのかわりに、お客様のライフスタイルを聞きましょう。
好き嫌い、文化的背景、もちろんワークスタイルも含めて、すべて聞きます。
その中に、**必ず提案できることが見つかります。**
僕の事務所でも、人材派遣会社に頼んだことがあります。
担当の営業の人が来て、最初に聞かれたことは「ご予算は?」でした。
「ああ、ここに頼むのはやめよう」と思いました。
そんな商売の時代は終わっているのです。
なんの話も聞かないで、「ご予算は」と聞くのはおかしいです。

結婚式場を探す時に、宴会係のブライダル担当が「まずご予算は?」と聞くようなところに頼むでしょうか。

「いきなりお金の話? 何も話していないんだけど」と思います。

一生に一度のことをやるのに、「ご予算は?」から入るのはおかしいのです。

昔は、これがビジネスとして成り立っていました。

もちろん予算の話も出てきますが、その前にするべき話がライフスタイルです。

でも、今は違います。

営業マンがお金の話を先行することで、その会社はつぶれたのです。

流行っているディーラーさんのところに、ぜひ行ってみてください。

たとえば、高知県南国市の「ネッツトヨタ南国」のショールームには、クルマは置いてありません。

にもかかわらず、売れているのです。

昔は、ライフスタイルも価値観も1個しかありませんでした。

少しでも給料の高いところ、少しでもラクでカッコいいところ、少しでも福利厚生施設がきちんとしていて、休みがたくさんとれるところということだけを求めていました。

ライフスタイルがひとつしかない時に、「ライフスタイル」という言葉はいりません。

「ライフスタイル」という言葉が必要になるのは、一人ひとりのライフスタイルがバラバラに分裂して細分化されている時なのです。

35歳までにやめる

その31 予算にしばられるおつきあいを、卒業しよう。

32

経済が成長している間は、ライフスタイルは分化しない。

売れるディーラーさんは、お客様が入ってきた瞬間に、持ち物・立ち居ふるまい・言葉づかいで、その人の年収を見抜きます。

靴・時計・ネクタイ・スーツを見るだけで、その人が何ccのクルマを買うかが決まるのです。

それをひたすら勧めていきます。

そういう売り方が通用したのは、日本がまだ貧しかった時代です。

貧しい時代は、経済的に成長している時代です。

右肩上がりの時代は社会が潤っているというのは、勘違いです。

右肩上がりの時代は、社会はまだ貧しいのです。

イギリスは19世紀に頂点をきわめました。

20世紀は、もはや下り坂です。

下り坂になった時に、文化が成熟していきます。

経済が成長している間は、ライフスタイルは分化しません。

経済が頭打ちになって、下り坂に入り始めた時に、ライフスタイルは細分化していくのです。

今はその時代です。

日本は、やっと20世紀に下り坂になったイギリスと同じところに来たのです。

今は、クルマを買いに来た人の年収では買うクルマを予測できません。

大金持ちの人が、軽自動車を買ったりします。

一方で、「ありゃりゃ、こんな格好で来ちゃったよ」という人が、1500万円のスポーツカーを買うのです。

駐車場代が6万円で、住んでいるアパートが4万5000円です。

これは、今までの考え方では予測できなかったことです。ライフスタイルが細分化すると、家賃よりも駐車場に費用をかける人が生まれるのです。

自分をもっと生かせることで、世の中の幸福を増やしたことになるのです。

GDPを大きく見せようとか、大きくしようという考えは、成熟社会にはありません。

そんなものは、豊かかどうかに関係ないからです。

どんなに年収があっても、豊かとは限りません。

年収が増えた人には、それがわかります。

年収より時間が欲しいと感じるようになるのです。

年収がたくさん欲しいから働くという人も、もちろんいます。

大金持ちになるために働いている人がいてもいいのです。

でも、それ以外の人もいるのが今の時代なのです。

35歳までにやめる

その32 「年収が上がることが幸せ」から、卒業しよう。

33

まず、一人を元気にする。

たとえば、結婚式場のブライダルフェアを見に来たお客様に2人のなれそめを聞くと、源氏物語研究会で知り合ったということがわかります。

それが、ライフスタイルを聞くということです。

本ではなかなか読めないので、マンガで読める『源氏物語』を教えてもらいます。

そうしたら、源氏物語にまつわる結婚式を提案できるのです。

来る人も、当然、源氏物語研究会の人です。

どんなオシャレなホテルでも、「ご予算は?」から始まるところよりは戦えるようになるのです。

登録スタッフやクライアントさんと、運命の出会いをします。

何かを提案することで、彼らは今まで気づかなかった幸せに出会えます。

今までゼロだった幸せをつかむことができるのです。

これが仕事のやりがいです。

「そんな可能性もあるのか」と、今まではまったく予想もしなかったことです。

「今はできないかもしれないけど、ちょっと頑張ってみようかな」と思うようになります。

これが「元気を与える」「志をプレゼントする」ということです。

一方で、「こんな時代なんだから、高望みしないで妥協しましょうよ」という仕事の仕方もあります。

どちらを選ぶかは、自分自身です。

僕は、志を高くしてもらいたいと思っています。

できれば、**一生の仕事として自分の仕事をやってもらいたい**です。

僕の仕事は、「こうしなさい」と言う仕事ではありません。

「こうしようと思うけど、いいですよね」と聞かれた時に、「いいです」と言う仕事です。

そして、「それをするには、もっとこうしたらいい」というアドバイスをします。

これが、背中を押して、元気を与えるということです。

ひいては、世の中の幸福を増やしていくことにもなります。

世界中の人を救うことはできません。

僕もムリです。

マザー・テレサさんにはなれません。

僕はヤル気のある人が好きです。

好き嫌いが激しいのです。

ヤル気のある人をもっとヤル気にさせるのが好きです。

この話を聞いた5人が、一人ずつを元気にしていきます。

それが広まって、地球上の60億の人たちが元気になっていくのです。

今はドミノの1枚目です。

まず一人からです。

イレギュラーなことを言う人がいたら、「どうしたらこの人を幸せにできるか」と考えて、「どうしたらその人が人に幸せを与えられるようになるか」と考えます。

それをぜひやってみてください。

でも、これで完成ではありません。

人間のご縁に感謝の気持ちを持ってください。

出会えたのは、神様が会わせてくださったのです。

それには何か意味があります。

こんなことを吹き込んでしまったので、僕も責任を持ちます。

「実際にやったんですけど、ヘンなことになっちゃいました。どうしたらいいんでしょう」という場合、僕に会いに来てください。

ここからおつき合いを始めたいのです。

35歳までにやめる

その33 「みんなを助けたい」を、卒業しよう。

第3章

「キャリアに縛られること」をやめてみる。

34

「いつか」を「今から」にしよう。

「キャリア」は、カッコいい言葉です。

ところが、「キャリア」という言葉は、よく勘違いが起きます。

「キャリア」と聞くと、帰国子女が給料の上がるところに次々転職していくイメージがあります。

それは表面的なとらえ方です。

キャリアの考え方とズレています。

昨日と今の直前、さっきの自分とこのあとの自分、ここで今の自分が生まれ変わります。

それがキャリアです。つなげていくのです。

今日2時間の講義を受ける前と、受けたあとでは生まれ変わっています。

これがキャリアアップです。

キャリアというと、3年ぐらいの感じがします。

でも、**キャリアは、すべての瞬間に存在するのです。**

生まれ変わるのに一番いいタイミングが、エレベーター前にあります。

この話を聞いてから、「エレベーターの前に立ってみて」と言われても、意識してできなくなります。

話を聞く前と聞いたあとでは、エレベーターの前に立つ姿が変わります。

もう1台前かあとのエレベーターだったら、出会わなかった幸運があるのです。

エレベーター前の自分の姿勢に気づかないままだと、仕事先、クライアント先へ行っても、ダラッとします。

そこに社長さんが「あっ、こんにちは」とあらわれて、ダラッとした姿を見られてしまうのです。

エレベーター前は、人と出会う可能性がとても高いのです。

お得意先の応接室が出会いの場所ではないのです。

一番怖いのは、エレベーター前に自分が立っていて、あとから人が来る場合です。

エレベーター前で緩んで待っていると、ドアがパーンとあいた瞬間に立て直しはききません。どうしても遅れます。

ダラッとしたまま、のれんをくぐるようにしてエレベーターに乗り込むと、中にいる人に「あっ、こんにちは」と挨拶されます。

立て直す前の素の姿を見られているのです。

エレベーター前は、どうしても緩みます。

でも、大切な勝負どころなのです。

その34

「いつか」を、卒業しよう。

エレベーターを待つ姿に、キャリアが出る。

エレベーターを待つ姿に、その人の昨日と明日が出ます。

上下から高いテンションで引っ張られている感覚です。

上下に引っ張られていると、「休め」の態勢にはなりません。

左右のカカトがついていて、姿勢がよくなります。

「今」は、上と下に引っ張られて、昨日と明日の連続の中にあります。

今の中にしか存在しないのは、糸の切れたたこのような状態です。

過去と未来、昨日と明日でグーッと引っ張られることで、姿勢がよくなります。

これは、エレベーターを待っている何げない状態の時にあらわれます。

面接では、エレベーターを待つ姿勢を見れば、合否が出ます。

エレベーター前には、鏡があります。

エレベーターに映るところがあったら、そこで直すのです。

僕は、エレベーターが来るまで、横のドアのすりガラスで背伸びの練習をします。

エレベーターがすぐ来ないことがラッキーなのです。

エレベーターに、「エーッ、こんな上まで行っているのか。遅いな」とイライラしません。

エレベーターの前が、自分の姿勢をリセットするチャンスタイムになっているのです。

これがキャリアです。

キャリアは、昨日と明日がつながった一直線上の自分です。

つながって、引っ張られているのです。

キャリアの感覚のない人は、昨日と今とがつながっていません。

体中がため息をついたようなだらんとした姿勢の人になります。

昨日とつながって、今日の緊張感があるのです。

明日とつながっているという感覚の中で、今日の緊張感があるのです。

ところが、昨日と今日を別にして、昨日のことをクヨクヨしたり、明日のことを何も考えずにいると、テンションが切れます。

または切りたくなってくるのです。

「明日が来なければいい」というのは、明日と切れています。

「昨日、なんであんなことをしたんだろう」は、悪い意味で昨日を引きずっています。

昨日とつながるというのは、引きずることではないのです。

明日とつながるというのは、心配してクヨクヨすることでもないのです。

その35 気の抜けた姿勢を、卒業しよう。

36

自分の進化と退化に気づく。

キャリアアップは、自分をいかに成長させるかです。
1秒前より1秒あとの自分を成長させるのがキャリアアップです。
勉強を続けていると、自分がなかなか成長している気がしません。
でも、まわりの人は、「すごく変わった」と感じています。
自分の成長は、自分が一番感じにくいのです。
自分自身と距離が近いからです。
自分を毎秒見ています。
ところが、久しぶりに会った人は、成長を感じます。
本人に変わった実感はなくても、次の授業で会う人は、「変わった」と感じます。

教える側は、もっと大きい距離感で進化していると感じます。

まわりの仲間も、同じように「変わったね」と感じます。

これがキャリアで大切なことです。

自分の進化と同じように、退化も、自分よりまわりのほうが、先に気づきます。

先生はもっと気づきます。

自分で頑張って気づいていくしかないのです。

日々進化、退化しています。

進化していなければ、退化しているのです。

退化に気づかないのは、進化に気づかずにイライラすることよりも、もっと怖いのです。

何かをしていれば、昨日と変わらなくても退化はしていません。

何もしなければ、退化します。

頑張っていれば、退化はしないのです。

焦らないことです。

焦ると、やめたくなります。

「キャリア」とは「続けること」です。

乗りかえることではないのです。

続け、つなげていくことで蓄積がきくのです。

35歳までにやめる

その36 **焦りを、卒業しよう。**

37

蓄積のきかないことは、やめる。

仕事・遊び・習いごとを選ぶ基準は、蓄積がきくかどうかです。

私はギャンブルをしません。

ギャンブルには蓄積がきかないからです。

1回の失敗は、次の利益につながりません。

1回勝っても、次から勝ち続けることはできないのです。

ギャンブルは、自分以外のファクターで決められます。

10回勝ち続けている人でも、11回目は負けるのがギャンブルです。

ところが、**仕事は、どんなに儲からなくても、どんなに失敗しても、その失敗から学習できます。**

これが「蓄積がきく」ということです。

自分が先生となって授業をしようとしているのに、生徒が一人しか集まらなくてもいいのです。

その一人の生徒にどう教えるかが勉強になります。

もう一人集めるにはどうしたらいいかも考えるようになります。

これが、蓄積のきく仕事のやり方です。

蓄積のきかないやり方は、「ラクして稼ぐ」ことです。

究極、ギャンブルの考え方です。

ラクして稼ぐのは、蓄積がきかないのです。

1回1回の利益だけで、その次に、前より上がる保証は何もないのです。

蓄積は、ストックという財産なのです。

その㊲ **蓄積のできないことを、卒業しよう。**

38

ギャラを上げる前に、能力を上げる。

ギャラには、

① **フロー分**

② **ストック分**

の2通りがあります。

フローは、現金です。**ストックは、現金を生み出すもの**です。

このうち、フローで受け取るほうが金額が大きくなります。

宝くじを買うだけで、寝転がっていても100万円入るのは、なんの努力もしないので、フローです。

金融商品を買うのもフローです。

ストックは、金額的には小さなものです。

ギャラは、お金だけではありません。

お金プラス勉強です。

仲間もできます。

お金は、フローです。

消えていくものです。

今、1000万円の貯金があるから10年後もあるとは限りません。

来年どうなっているかわからないのです。

勉強と仲間は蓄積です。

これを得られることが大切なのです。

ギャラの安い仕事は、プラスアルファがあるかどうかです。

熱意のある人が、「すみません、今回予算がないんですけど」という仕事を依頼されたとします。

その仕事を受けるか受けないかの判断は、安い仕事を通して自分が勉強できるかどうかです。

その安い仕事を持ってきた人と仲間になれるかどうかです。

合コンの当たりハズレは、タイプのコが来ることが第1目標です。

それだけでは、ハズレるとイヤになります。

でも、ハズレでも、いいことがあるのです。

たとえば、しゃべり方の勉強をしようという意識で合コンに行くのです。

「なるほど、こう言ったらウケるし、これはウケないんだ」とわかります。

こっそり頭の中のICレコーダーでとっておいて、「あそこでこう言ったのは、どうだったのか」と分析するのです。

グループレッスンを反省するような気持ちで聞いていれば、損はないのです。

その38 目先の利益を、卒業しよう。

ギャラのない仕事に、チャンスあり。

ギャラは、高い安いではないのです。

高い仕事は、誰も迷いません。

「この高い仕事を受けていいでしょうか」とは相談せずに、ニヤニヤ黙っています。

安い仕事の時ほど悩むのです。

転職も、給料が上がることもあれば、下がることもあります。

給料の上がることがキャリアアップではないのです。

給料が下がっても、キャリアアップはあります。

給料は、年収はいくらになり、月収はいくらというお金の面だけです。

年収はよくても、勉強にならず、仲間もできなければ、それで終わりです。

「ギャラ」イコール「お金」だけで考えていると、その人のキャリアは寂しいものになります。

キャリアアップの考え方が間違っているのです。

どんな会社でも、どんなスクールでも、一度入ったら、勉強し、仲間をつくって元をとっていくことが大切なのです。

35歳までにやめる

その㊴ **給料発想を、卒業しよう。**

40

キャリアアップすると、悩みもレベルアップする。

いくら勉強しても、逆に悩みが増えているように感じることがあります。

キャリアアップすると、悩みの数は増えます。

悩みのなくなるのがキャリアアップではないのです。

キャリアアップしてワンステップ上がれば、無条件に幸せになるわけではありません。

キャリアアップには、「ここで上がり」はないのです。

そこに行けば無条件に幸せになり、無条件に悩みはなくなるのが「上がり」です。

悩みの数が増えれば、その人はそれだけキャリアアップしています。

キャリアアップすると、今度は悩みがより具体的になります。

キャリアアップで悩みをなくすのではありません。

悩みを解決することが目的ではないのです。

悩みのレベルを上げていくことです。

AとBの悩みがあったら、より具体的なほうが、レベルは高いのです。

就活をする大学生の質問で、
①「面接で言ったほうがいい言葉を3つ教えてください」
②「1次面接で、こういう質問が出たので、こう答えたのですが、もっとこう答えたほうがよかったのでしょうか」
の2つでは、②のほうが具体的です。

「面接で、どんなサークル活動をしていたと言えば有利ですか」という質問は抽象的です。

何も行動していません。

レベルの低い悩みです。

超一流になればなるほど、レベルの高いところで悩みます。
悩みの数も増えます。
悩みを解決すると、次の新しい悩みが生まれるのです。

35歳までにやめる

その40 **抽象的に悩むことを、卒業しよう。**

41

イチロー選手のすごさは、投手の上をいく。

イチロー選手は、高速回転で悩みを解決しています。

イチロー選手のフォームは変化しています。

年間200本安打を打っているのに、フォームを改造しているのです。

投手は「今度はイチロー選手をこうやって打ち取ろう」と研究しています。

イチロー選手は、それを上回る改造をしているのです。

負けてから改造するのではありません。

ピッチャーは、次の打席では…と、考えて投げてきます。

それを上回るために、一打席ごとにイチロー選手はキャリアアップしているのです。

キャッチャーは、イチロー選手が怖いと言います。前の打席で打ち取ったところをもう一度攻めると、必ずヒットにされるのです。

弱点を突いても、次の打席では改造されています。

イチロー選手は、次の打席では別人になっているのです。

35歳までにやめる

その41 過去の体験を、卒業しよう。

42

「わかってくれない」から、「わかってあげよう」に。

退化していると、「上司は私のことをわかってくれない」というグチが出ます。

「わかってくれない」は、絵に描くとわかりやすくなります。

サッカーで、自分と上司がゴールに向かってドリブルしている状態です。

上司にボールをパスすると、今度は上司が自分の前方にパスします。

自分の進んだところを予測してパスしているのです。

ところが、「そこには私はいない。なんで私が今いるところにパスしてくれないの」と言います。

これが「わかってくれない」です。

立ちどまっているのです。

上司も先生も、自分の前進したところにパスを送ってくれます。

進化をやめた人が、「わかってくれない」を言うのです。

次のパスは、進化した自分のところに届けられます。

「私はまだこの位置なのに、そこにパスを送ってくれない」と言うのは、自分が進化しようとしていないのです。

「わかってくださいよ」という言葉で、「この人は進化をやめたんだな」とわかります。

「わかってくれない」「わかってください」という言葉から脱出することです。

「わかってくれない」は、キャリアアップのNGワードです。

この発想から早く卒業することです。

日常会話で「わかってくれない」を言わないようにすることが大切なのです。

35歳までにやめる

その42

「わかってくれない」から、卒業しよう。

43

「もうわかった」と言いたくなることが、チャンス。

「わかってくれない」はよく聞く言葉です。
でも、この言葉を使わない人は、まったく使いません。
使う人は、一日に何度も使います。
仕事でも恋愛でも習いごとでも勉強でも使っているのです。
「わかってくれない」と似た言葉に、「もうわかったから」もあります。
「もうわかったから」と言った瞬間に、アドバイスする側は、アドバイスをやめます。
「もうわかった」の前には必ず「アーッ……」がつきます。
「アーッ、もうわかった」と言った人はキャリアアップをストップしています。

これは口グセになります。

言っている側は、ケンカ腰で相手を非難しているわけでもなく、怒っているわけでもありません。

でも、言われた側は、「アーッ、もうわかった」と言って、吸収する扉を完全に閉じてしまうのです。

進化をやめた人は、「アーッ、もうわかった」と言いながら、「わかってくれない」と言います。

「わかってくれない」という思いを抱いた時が、進化するポジションへ走るチャンスです。

「アーッ、もうわかった」と言いそうになる瞬間が、キャリアアップするチャンスです。

自分が今、立ちどまろうとしていたことに気づけます。

「こんな言葉はもう言わない」というのは大切です。

言った瞬間と、言いたくなる直前が、チャンスなのです。

その43 アドバイスを拒否することを、卒業しよう。

反省は、短く。

反省は大切です。

反省は、日にちをまたがないのがコツです。

昨日の反省は、もうしなくていいのです。

昨日の反省を今日やろうとすると、出来事をそっくり持ってきてしまいます。

出来事ごと日をまたがずに、種の部分だけ持っていけばいいのです。

出来事は忘れるのです。

出来事は、結果です。

いい結果も、悪い結果も含めます。

勝ったか負けたかも忘れて、こういうことを学んだという種を毎日蓄積していくのです。
実で蓄積しないことが大切なのです。

35歳までにやめる

その44 ズルズルと反省するのを、卒業しよう。

45

旅の始まりが、次の旅の始まり。

昨日の終わりと今日の始まりがあります。
今日の終わりと明日の始まりもあります。
何時が境目というわけではないのです。
寝る時間は、人それぞれで違います。
時計が12時を指せば、日付は変わります。
寝て起きたところが境目という考え方もあります。
翌日の13時までは今日という考え方もあります。
ＴＳＵＴＡＹＡシステムです。
自宅の近所にあるＴＳＵＴＡＹＡは、翌日の13時までに返せばＯＫです。

寝て、翌朝起きても13時までは昨日です。

キャリアアップの考え方では、昨日と今日は、時間は関係なく、どこで終わってもいいのです。

今日の終わりが次のスタートです。

キャリアの考え方で一番大切なのは、「終わりが始まり」ということです。

キャリアの感覚のない人は、終わりと始まりの間に「お休み」があります。

ヘンなスキ間があるのです。

2つの出来事の始まりと終わりに間が生まれると、キャリアダウンします。

キャリアアップしている人は、2つの出来事の始まりと終わりがクロスしています。

リレーゾーンの感覚です。

リレーゾーンでバトンを確実に受け取って全速力で走ります。

このつながりの部分、仕事の終わりかけで、最も個々人の差がつくのです。

物事の終わりは、次の始まりに入っています。

野球で言うと、9回です。

9回は、1つの試合の最終イニングです。

この9回が、次の試合の1イニング目です。

その9回をどれだけ一生懸命やるかで次の試合の勝負が決まるのです。

仕事のプレゼンに行って負けたとしても、それで終わりではありません。

「今回は他社に決まりました」と言われたあとの自分の営業活動が、次の始まりです。

「ここでの終わりは次の始まり」という意識で臨める人と、「ああ、終わり」という人ではまったく違います。

終わりが次の始まりと思える人は、加速を始めています。

終わったところで「ああ、もうダメ」としばらくお休みにする人は、終わりがどんどん早まります。

終わりがどんどん早まって、スキ間がどんどん開くのは、キャリアダウン特有の症状です。

キャリアアップしていくには、終わりを少しでも長く引っ張っていくことです。

終わっても、エネルギー的には次のランナーにバトンが渡って、次の仕事が始まっている意識です。

終わりが次の始まりの人は、出張先での営業活動のあと、帰りの新幹線で報告書をまとめます。

その報告書が次の企画書になっているのです。

これが、終わりは次の始まりということなのです。

その45 **「お休み」を、卒業しよう。**

46

進化は、深化することだ。

終わったら、そこでストップさせないことです。

一般的には、キャリアアップは、右肩上がりの直線を想像します。

でも、**右肩上がりはキャリアダウンの考え方**です。

キャリアアップの人は、ぐるぐる渦を巻いた状態です。

フラフープをまわす感覚なのです。

フラフープに終わりも始まりもありません。

一直線は、終わりと始まりがあります。

渦には、終わりも始まりもありません。

洗濯機は渦を巻いています。

渦を横から見ると、どんどん深くなっています。
これがキャリアアップです。
キャリアアップとは、上に行くことではないのです。
より深くなっているのです。
進化を遂げるのは、**深化していくこと**なのです。

その46 直線発想を、卒業しよう。

第4章

「儲けようと考えること」をやめてみる。

47

4人集まったら行くという桃太郎に、誰もついてこない。

儲かるかどうかわからなくてもやりたいことには、「やりたい」という熱意があります。

30万円の仕事で、ギャラはゼロでも、やりたい気持ちが30万円分あれば、それでチャラです。

まずここでチャラにしておくのです。

プラスアルファで勉強と仲間ができれば、儲けになります。

勉強が10万円分できて、仲間が10万円分できたら、50万円の仕事をしたのと同じです。

この感覚が大切なのです。

仲間は、自分以外の問題です。

やりたい熱意と勉強が、自分の頑張った30万円分に、自分の中で元が取れていればいいのです。

仲間ができることで、自分の中で元が取れていない分を補おうとしないことです。

これはプラスアルファです。

桃太郎が「4人集まったら鬼ケ島へ行きますが、誰か来ませんか」と言っても、誰も乗ってきません。

桃太郎は一人で行こうとしていたから、仲間が集まったのです。

初めから集めようとしていません。

「最少催行人数4人なので、誰か来ませんか。集まったら行きますよ」と言えば、「今、何人集まっているんですか」と聞く人はいます。

でも、「今はまだ僕ボーカル一人です。バンドのボーカルは決まっているけど、ベース・ドラム・キーボード募集」では、誰も来ません。

仲間を集めるために、何かをするのは間違いです。

一人でもやるところに人は集まります。

「一緒にやりませんか」と言うと、逆に集まりません。

それだけ自分の腰が引けているのです。

会社は、共同でつくるのが最もうまくいかないのです。

友達同士でつくっても、誰かがリーダーになります。

チームでの仕事は、サークル活動や飲み会と違います。

リーダーがいないとチームは機能しないのです。

大切なのは、最初に「儲からないんですが、一緒にやりませんか」と言ってノってきてくれるかどうかです。

「今は儲からないけど、いずれは儲かる」と言うと、「それはいつ？」という話になります。

いつまでたってもお金の話から離れられなくなるのです。
永遠に儲からないこともあります。
儲けることを目的にしたチームは、崩壊します。
儲けることを目的にすると、その人のキャリアはダウンしていくのです。

35歳までにやめる

その47 「後出し」を、卒業しよう。

48

売れることを目的にすると、楽しくなくなる。

本を書きたい人たちの集まりに、特別講師として授業に行きました。

まだ本を1冊も出していない人たちに、「『桃太郎』の感動する1枚のシーンをみんなで書いてみよう」というお題を出しました。

そこで質問が出ました。

「こうすれば儲かる、本が売れるという絵を描けばいいのですか」と言うのです。

僕は「エッ」と一瞬戸惑って、「自分の好きな絵を描こう」と言いました。

僕は、その人たちが気の毒になりました。

僕が最終回の授業を受け持つまで、どうしたら売れる本を書けるかという授業を受けていたのです。

主催者は、本を何冊か書いている人です。

僕は、あとで主催者に「迷っているでしょう」とこっそり聞きました。

「最初は本を書きたくて始めたのに、いつの間にか、売りたいとか売れなくちゃということに気持ちが走り始めて、書きたいことを書いていないのではないですか」と聞いたのです。

主催者は、あとで「そのとおりです」と話していました。

1冊目で書きたいものを書いたら、あとは自分に「売れなければ」という気持ちが入ってしまったと言うのです。

その主催者の気持ちが、生徒さんにも伝染しています。

まだ1冊も本を書いたことのない、いろいろな職業の人を集めて、どうしたら本が売れるかという話をしたら、書きたいものが書けなくなります。

「売れなければ」「儲けなければ」という気持ちになった途端に、キャリアダウンを起こします。

悪いスパイラルに入ると、キャリアダウンの悪循環へはまり込んでしまうのです。

キャリアアップのいいスパイラルに入るには、儲けなければというところから早く脱出することです。

儲けるところとは違う、自分の進化・成長に切りかえていくのです。

結果として、お金がついてきます。

「お金は要らないんだけどね」と言えるようになるのです。

35歳までにやめる

その48 「売れなければ発想」を、卒業しよう。

49

ほめられること、増やすことを目的にすると、成長できない。

作家の人が先生となって、集まった人たちに教えている学校は、サークル活動のようになっていました。

先生が、生徒さんを集めるために気をつかっているのです。

チームでは、リーダーはたとえ嫌われても、圧倒的なリーダーシップを発揮していいのです。

先生は、リーダーとして自信を持つことです。

儲けようと思うと、自信が崩れます。

僕が「また会いましょう。いつでも呼んでください」と言うと、学校を運営している人が「もう1つ質問、いいですか」と言いました。

「人数を増やすには、どうしたらいいですか」と質問したのです。

僕は、「そうか、この人も、こんなことで悩んでいるのか。それで全体がこの空気になっているのか」と感じました。

生徒さんは来ています。

でも、学校にはいろいろなクラスがあって、それぞれのクラスで最低9人の生徒さんがいないと、採算が合わないと言うのです。

主催者も先生も含めて全体がこの空気になっているのです。

僕は、生徒さんが一人でも講義をします。

その結果、増えていくのです。

増やすことを目的にすると、生徒さんのご機嫌をとるようになります。

生徒さんは、ご機嫌をとられて気分よくても、成長しません。

ご機嫌をとるという空気が生徒さんに広がって、学ぶ場の空気ができないのです。

世間の評価や、ほめられることを目的にすると、キャリアダウンを起こします。

人間のモチベーションは、ほめられるか、給料が上がるかです。

どちらも、いいことのように感じます。

大切なのは、自分自身の成長を感じられるかどうかです。

僕は、みんなからほめられることはまったく考えていません。

嫌われてもいいのです。

みんなの成長を優先しています。

みんなも成長して、僕もほめられるのは、きれいな言い方です。

でも、現実論ではありません。

ほめられたい、好かれたいという気持ちが少しでもあると、みんなの成長よりも好かれることを優先します。

面接の達人塾は厳しく指導しています。

ビデオを見ると、厳しいと言われているのです。

志望者を面接で通すのが僕の仕事です。

ほめて成長しなかったら、面接に落ちます。

僕が「君だったらどこでも通るよ」とお世辞を言ったら、生徒さんは気づきません。

面接の達人塾でほめられた人が面接に行って、どこも落ちたら、その人は、チャンスを失います。

僕に厳しいことを言われて落ち込んでも、そこで気づいて、本番でうまくいったら、一生のチャンスをつかめます。

生徒さんを集めたいと思うと、生徒さんをほめるようになります。

これから先生になる人が気をつけなければいけないのは、生徒さんのご機嫌を伺い始めると、その学校は崩壊するということです。

満足度を得られないのです。

成長も、しません。

ただほめられたいだけの人が集まります。

上司と部下の関係も同じです。

嫌われてもいいから言えるか、嫌われたくないからほめるか、常にこの二者択一の場面に直面しているのです。

厳しいことを言って嫌われてもいいから、気づかせて成長させることが大事です。

35歳までにやめる

その49

「嫌われたくない」を、卒業しよう。

50

ほめられたい人は、成長が止まる。

僕が講義をしているアタッカーズビジネススクールには、7つの講座があります。

中でも僕の授業が一番厳しいという評判になっています。

よそのクラスを受けて私の教室に来た人は、最初のアンケートに「意外に優しかった」と回答します。

よほど厳しいという先入観を持っていたのです。

僕は、生徒さんに「『大人向け』と『子ども向け』のどちらがいいですか」と聞きます。

「子ども向け」でいいなら、いくらでもほめます。

成長しなくてもいいご機嫌とりをするのです。

ホストクラブのサービスと同じです。

僕は、ほめるのが本業の広告屋です。

どんなにダメな人でも、その人の成長など考えなければ、いくらでもほめられるのです。

「大人向け」は、その人が成長してチャンスをつかみ、未来に、より豊かな人生を送れるようにします。

むしろほめるほうがラクチンです。

考えなくていいからです。

ほめていればいいのだったら、ホストに徹します。

僕は、生徒さんに「どっちがいいか考えておいてね」と言って、休憩を入れました。

休憩後、挙手で多数決をとらずに授業を始めました。

生徒は不安になりました。

どっちの授業をされているか心配になったのです。

授業が終わってから、泣きながら走ってきた人がいました。

大人の男性なのに、泣いているのです。

「先生、大人向けでお願いします。なんか小学生用の授業をされたような気がするんですけど」と言うのです。

僕は、「大人向けでやったよ」と言いました。

厳しくしたほうが、熱意のある人には満足度が上がります。

ほめてほしい人をほめても、ほめられた人の満足度は上がらないのです。

何か足りなさを感じているのです。

成長した人は、厳しいことを言われても満足度が上がります。

ほめることでは、満足は生まれないのです。

むしろクレームになります。

好かれようとすると、好かれないのです。

中谷塾も、人数を増やそうと思えば、いくらでも増やすことができます。

でも、増やすことはしません。

増やすと、熱意のある人がいなくなるからです。

成長したい人とほめられたい人が同居することはないのです。

ほめられたい人は、ほめられたい人だけ集まります。

ボコボコにされても成長したい人は、中谷塾に来ます。

遊園地には、ドキドキしに行っているのです。

乗りたいのは「安心マシン」ではなくて、「絶叫マシン」です。

「怖くないですよ。安心、安心」というマシンに乗っても、面白くありません。

「怖くないから安心、安心」というホラー映画など誰も見ません。

運が強くて引き寄せたのです。

僕は、「ちょうどよかったね。ここでもう一回原点に立ち返って、書きたいものを書こう」と言いました。

僕がゲストの時は、先生と生徒さんのやりとりを見ます。

先生の状態がわかったら、先生自身を変えます。

先生を抱える主催者が「どうやったら人数が増えますか」という状態にあると、「これはなんとかしなくては」という気持ちになってしまうのです。

35歳までにやめる

その50 拡大主義を、卒業しよう。

51

儲からないことは、一人で始める。

勉強会やセミナー、異業種交流会は、立ち上がって3年もすると、どんどん飲み会に変わります。

3年も続くのは、凄いことです。

前半で先生が話し、後半は懇親会の形になります。

出席者はみんな働いている人たちなので、遅刻が増えるようになります。

やがて、先生のレクチャーの最後ぐらいに人が集まり始めて、懇親会がメインの会になるのです。

これは、緩んできています。

人をむやみに増やしたり金額を下げ始めると、その会はサロン化します。

最初の緊張感がなくなって、ただの名刺交換会になります。
やがて突然セールス活動をする人が現れます。
儲けることをベースに置いている人が混じってくるのです。
儲からないことは、一人で始めます。
むやみに勧誘しないことも大切です。
「やりたい」と言ったら、きびだんごをあげて、ついてきてもらえばいいのです。
きびだんごは、大したギャラではありません。
犬・サル・キジにギャラ交渉はないのです。
「桃太郎」で面白いのは、最初に犬が来るところです。
犬・サル・キジは、3つのものを象徴しています。
犬は、友情・忠誠です。
サルは、知性・ユーモアです。
キジは、勇気・機転です。

この3つをあわせ持ったチームになっているのです。

犬は、本当はきびだんごは要らないのです。

最初は、知性でも勇気でもなく、友情で仲間になってくれます。

友情から始めた2人にも、リーダーと仲間という分業がなければ、チームは成り立ちません。

飲み仲間やサークル仲間ではなく、一緒に成長していく仲間です。

これがキャリアアップです。

結果として生まれてくるのです。

熱意と勉強で元が取れるプラスアルファのところでチャラになっています。

マイナスでもやれるのです。

35歳までにやめる
その51
大勢集めよう主義を、卒業しよう。

52

時間が足りないのが、チャンス。

予習・復習もしたいし、新しいこともしたいとなると、時間配分をどうすればいいかわからなくなります。

時間が足りないと感じたら、それはキャリアアップのチャンスです。

何かをやって、何かをやめるのも、1つのキャリアです。

何かをやめないで、今までやっていたものにプラス何かを始めたら、時間が足りなくなります。

これをクリアする方法は1つです。

自分の処理能力を速めるのです。

両方やるにはどうしたらいいかを考えるのです。

今まで復習に1時間かけていたら、30分で密度の高い処理を自分に課すのです。

1時間の内容・密度を1時間でやったら、それはただの作業です。

1時間かかることを30分でやろうとして初めて勉強になるのです。

復習をしようか、予習をしようか、**「迷う時間」が一番ロス**です。

迷いで時間を多く奪われているのです。

迷わないことです。

「1時間しかないのに30分たってしまいました」ではなくて、「よし、どっちもやってやろう」でいいのです。

今まで復習に1時間かかっていたら、同じ密度の復習を30分でやれるように志を立てるところからスタートします。

予習・復習にそれぞれ1時間かかるのに、どちらをやればいいか30分迷っていたら、残りは30分です。

これが最も効率の悪い時間の使い方です。

「結局何もできませんでした」になります。

まず、自分の能力を上げていくことです。

予習に1時間かかるなら、明日は同じ量を30分でやろうと目標を立てます。

その時点で、もう30分でできています。

1時間かかる仕事を30分でできないのは、「昨日1時間かかったのだから、今日も1時間かかる」と最初からあきらめています。

または、なかなか始めていないのです。

限られた時間の中で、やりたい2つのことがあって、どちらも捨てられないギリギリのところまで捨てる。

残りの時間で、やりたい2つのことをやると決めるのです。

どっちにしようと考える時間が、もったいないのです。

どっちからしようかも考えなくていいのです。

やってしまうのです。

1時間かかる仕事が2つあった時、2つの仕事にかかる時間は合計2時間ではありません。

1時間半です。

これが大原則です。

僕が実際の仕事の中で気づいた法則です。

短縮するのではありません。

連続する仕事では、次の仕事は前の仕事の半分ですむのです。

クオリティー、密度は同じです。

1時間かかる仕事を間をあけて、バラバラに3つやったら、3時間かかります。

1時間かかる仕事を連続して3つやっても、3時間はかからないのです。

1つ目は、1時間です。

2つ目は、その半分の30分です。

3つ目は、30分のさらに半分の15分です。

全部で1時間45分です。

連続する仕事は、迷わずに早くやってしまえばいいのです。

ところが、頭の中ではなかなか手をつけずに、「これは1時間かかるでしょう。どっちにしよう」と考えているのです。

どんどん連続してやっていくと、スピードは上がっていきます。

スピードは上がっていくものだと頭の中で思っていれば、そうなるのです。

35歳までにやめる

その52 時間貧乏を、卒業しよう。

53

先に言う。

私は毎日お風呂から上がると体重計に乗って、体重と体脂肪をつけています。

体重を見たくないと思うと、体重計の数字は大きくなります。

私は、体重計に乗ってピピピッと計算している間や、数字が出る直前に、「ハイ、何・何キロ」と先に数字を言います。

予想との誤差はプラス・マイナス0・1キロです。

体脂肪も、「ハイ、何・何％」と言うと、誤差プラス・マイナス0・1％です。

先に言うのです。

体脂肪計は揺れるので、誤差があります。

でも、3カ月ぐらい続けていると、ドンピシャに持っていけるのです。

これが自分自身の体調管理です。

今日1日の食生活や運動量を考えて体重計に乗ることで、ドンピシャに持っていけます。

体重計に乗らなくても、0・1キロ、0・1%単位でわかる状態にできるのです。

希望の数字を言うと、自分の努力と、今日食べた節制の自己管理と乖離します。

どんどん落としていこう、キープしようと考えるなら、まず自分で言うことです。

自分でそこに持っていこうとする意思を持つのです。

1時間かかる仕事は、最初に「30分」と宣言すると、そのとおりになります。

100メートル走の選手は、走る前に秒数を100分の1秒まで決めています。

9秒何々で走るという下2桁まで自分でイメージすると、そこからズレません。

やみくもに速く走っているわけではないのです。

これは何秒でできる、何分でできると最初に決めているのです。

時間・お金のかかることは、「これぐらいでやる」と自分で先に宣言すると、体がそれに全部合ってきます。

出た結果に振りまわされていると、自分自身がどうなるかわからなくなります。

今日は何時に寝ようと決めると、見たいビデオはたくさんあっても、ダンドリしたようにピタッとその時間に持っていけます。

「明日何時に起きる」と自分にピッとセットすると、目覚まし時計は要りません。

私は目覚まし時計の音で起こされるのが嫌いです。
何の夢を見たか覚えておきたいのに、目覚まし時計が鳴った瞬間に忘れます。
もったいないのです。
せっかくモテモテのいい夢を見ているのに、覚えていないのは損です。
目覚まし時計は一応セットしても、目覚まし時計よりも先に起きます。
自分の目標設定を自分でリードしていくことが大切なのです。

35歳までにやめる

その53 **無言実行を、卒業しよう。**

54

制約を楽しもう。

地方から東京の中谷塾に通っている人は、やっていることのスピードが速いということです。

塾に行こうと決めたら、そこから割り振りをして、新幹線の中で予習・復習しています。

時間を効率よく使っているのです。

できるかできないかではないのです。

自分のしたいことの中でやりくりするのです。

自分の中の可能な範囲、与えられた条件で再構築するのです。

これが一種のキャリアアップです。

与えられた条件は、どんどん厳しくなります。

もっとこれをやりたいと思うようになると、それをもっと効率よくするやり方が見つかります。

今のやり方のままでもっと増やそうとするから、何かを断念しないといけなくなるのです。

飛行機をどんどん軽くする開発も続いています。

どこまで小さく、軽くするかは、予算から割り出しているのではありません。

最初に、飛行機の重さを半分にするという目標を渡されます。

そこから削っているのです。

飛行機を軽くするための項目は、何百もあります。

「これだけなくせば軽くなる」ではないのです。

できるかできないかもわからないうちから言われるのです。

時間も物事も、「できる」という目標を最初に立てたら、あとはどうす

ればいいかの逆算だけなのです。

35歳までにやめる

その54 制約のない自由を、卒業しよう。

55

成長する人は、成長する仲間と一緒にいる。

成長し合える仲間がいると、まわりの仲間は成長して、自分だけが成長していないと感じることがあります。

まわりの仲間の成長がわかるということは、自分も成長しているのです。

成長感は、自分ではなかなかわかりません。

成長している仲間が、おべんちゃらではなく「成長している」と言ってくれたら、「ああ、そうなのかな」と実感できます。

成長している人は、必ず成長している仲間と一緒にいます。

退化している人は、必ず退化している仲間といます。

自分のまわりにいる人が成長しているなら、自分は必ず成長しています。

自分のまわりにいる人が退化しているなら、自分も退化しています。

自分のまわりを見ればわかるのです。

「成長している人」と「退化している人」は同じグループにはいません。

退化している人とは、一緒にいたくなくなるのです。

僕は、成長しようとしない人には何も言いません。

厳しいことも言いません。

言っても通じないからです。

喜ばれもしないので、ノータッチです。

ビジネススクールでも中谷塾でも、「これはこれでいいんじゃないですか」というコメントでスルーされるのが一番寂しいことです。

これが、「叱られた」と「教えていただいた」の差です。

「いつも叱られている」と言う人には、それ以上、何も言いません。

アドバイスを「叱られた」と言った人は、「叱られた」と思った瞬間に吸収しなくなります。

「教えていただいた」と思える人は、「ありがたい」と思って吸収します。

言っていることは同じなのです。

僕は叱った記憶は1つもありません。

「また叱られた」と言う人は、言っていることが通じていないということです。

教室にも来なくなります。

中谷塾でも、この人は続く、この人は来なくなるということがわかります。

「厳しい」「優しい」「私はほめられて伸びるタイプなんです」と言うのとは違うのです。

35歳までにやめる

その55

「ほめられて伸びる」を、卒業しよう。

56

「この人にはかなわない」という人に、出会う。

この人から教えてもらいたいという先生にめぐり会うことが、キャリアアップではとても大切です。

キャリアアップしていかなければ、その人には出会えないのです。

その人の値打ちもわかりません。

キャリアアップは、その人の出会いが変わってくるということです。

出会いが変わることで、ますます自分が進化していきます。

進化のスパイラルにうまく乗っていけるのです。

そのためには、まず自分が頑張ることです。

出会ったら、うまくいくわけではないのです。

勉強していかないと、その人の値打ちがわからないのです。

35歳までにやめる

その56 出会いを求めることを、卒業しよう。

57

蓄積すると、全部つながってくる。

映画を見たら、ここがよかったというポイントを1つ見つけます。
ストーリーがいいというのも1つです。
面白いキャラクターがいたというのも1つです。
いいセリフもあります。
どんな映画でも、本筋とは関係ない、いいセリフがあるのです。
服装・インテリアがオシャレというのも1つです。
風景がきれいだ、わき役だけどかわいいコが出ていたというのも1つです。
「とにかくひどい映画だったけど、女のコはかわいかった」「この裸がよかった」、なんでもいいのです。

なんでもいいから、ワンカットよかったことがあれば、ＯＫです。

蓄積は、あるところまではつながらないのです。

最初は、石が1個置かれただけです。

1個では何にもならなくても、石が集まることで、だんだん埋まって、それぞれのつながりができます。

最初は1つも蓄積感がないのです。

量をこなしていくことで初めて蓄積感が生まれるのです。

碁盤と同じで、空間に碁石を置くことで、それぞれのつながりが出てきます。

最初は1つもない状態です。

10個目でもまだ足りません。

100個目ぐらいになって、つながり感が出てきます。

そこから先、あるところから、1個置いただけで、いろいろなつながりが見えてくるのです。

最初はとにかくたくさん置くしかないのです。

歴史の勉強も同じです。

歴史の勉強では、年号を覚えます。

覚える年号の数が少ないうちは、つながりません。

ところが、年号をある程度覚えたところから、「ああ、これはこの時代の話だ」と、ババババッと覚えられるようになります。

杭を打ってあるのです。

奈良時代と平安時代のどちらが古いかわからない人は、石の置きようがないのです。

それが、石を置いていくことで、細かく置けるようになるのです。

英単語も同じです。

最初は記憶の蓄積がききません。

ためていくことで、あるところからあふれるのです。

蓄積がきくことをやっておかないと、いつまでたってもあふれるところまでたどりつけません。

コロコロ変えていくのは、損です。

1つのいいところは、やがてつながってくるのです。

35歳までにやめる

その57 効率を、卒業しよう。

58

自分の遅れが、チームの遅れになる。

チームワークの仕事で自分が遅れると、次に仕事を受け取る人に迷惑がかかります。

クオリティーが下がっても締切までには渡す覚悟を持つのです。

渡して、「仕事のクオリティーが下がっている」と思われるのは辛いことです。

時間との戦いではなくて、自分のクオリティーの戦いになっているのです。

明日の朝7時までに仕上げるなら、7時に渡すことは決めているのです。

クオリティーの低いことをするのはイヤだという気持ちでするのです。

時間と戦うと、クオリティーをおろそかにします。

クオリティーが、自分の納得いくところまで時間を引っ張っているのです。

だから、締切が遅れるのです。

僕は、「仕事のレベルが下がっている」と思われたくないという気持ちが強いので、遅れないようにしています。

そのあとの予定も埋まっています。

今の仕事が遅れたら、ラクになるどころか、自分がもっとつらくなるのです。

その締切のあとに、次の締切があります。

仕事の量を減らすと、仕事はますます時間どおり終わらなくなります。

予習と復習のどちらを優先したらいいかとわからない人に、「こっちを優先したほうがいいよ」と言うと、どちらもできなくなるのと同じことが起きるのです。

35歳までに
やめる

その58

仕事の量の調整を、卒業しよう。

59

目的を持つと、達成した後、続かなくなる。

ダンススクールで発表をしたら、そのまま来なくなる生徒さんがいます。
お休みするのではなくて、来なくなるのです。
来なくなると、それまでやったことが全部ムダになります。
僕は、発表で満足してしまったもったいない例をたくさん見てきました。
発表が終わって、即、練習に行った人は、続きます。
少しでも間のあいた人は来なくなります。
発表には、たくさん練習を必要とします。
発表のためだけにしていると、流れてしまうのです。
ためている段階のところで間をあけて、**全部ムダにしてしまわないよう**

にするには、次を始めておくことです。

これがコツです。

人間の出会いも同じです。

初めて会った人で、「今度会いましょう」と決めた人は、すぐ会ってくれます。

2回会うと、そのあと長続きします。

「今度ごはんでも食べましょう」と言って間をあけてしまうと、その人とはご縁がなくなるものなのです。

35歳までにやめる

その59

「目的のためにする」を、卒業しよう。

60

失敗も、成功も、忘れる。

昨日とつながるために、やってはいけないことがあります。

クヨクヨです。

クヨクヨすると、昨日を切り離したくなります。

昨日失敗した、うまくいかなかった、面白くないことがあったと否定すると、クヨクヨします。

クヨクヨすると、昨日を切り離してしまうのです。

切り離さないためには、昨日のことは忘れることです。

昨日の失敗は忘れて、ダシとエッセンスだけ残すのです。

昨日の自分の失敗は、誰がやったかわからなくしてしまうことです。

あたかも他人がしたようにしていいのです。
そのエッセンスだけを今日につなげていくのです。
それが昨日の失敗を忘れるということです。
昨日の失敗と同時に、成功も忘れます。
昨日の成功にしがみつくと、未来とつながらなくなります。
明日ではなく、昨日にばかり引っ張られるのです。
上に伸びようとしても、下へ下へと引っ張られて、おしりが下がります。
上の糸が切れてしまうのです。
昨日の成功にしがみつく人は、昨日のクヨクヨにしがみつく人と同じです。
昨日の成功も、昨日の失敗も忘れる。
エッセンスやノウハウ、コツだけ覚えて前へ進んでいけばいいのです。
これがキャリアアップです。
昨日と同じやり方をしないことです。

新しいやり方を考えることが大切なのです。

35歳までにやめる

その60 昨日のやり方を、卒業しよう。

※本の感想など、どんなことでも、お手紙を楽しみにしています。
　他の人に読まれることはありません。**僕は本気で読みます。**

中谷彰宏

〒162-8445　東京都新宿区新小川町 1-7
成美堂出版　編集部気付　中谷彰宏　行
＊食品、現金、切手等の同封は、ご遠慮ください。（編集部）

【中谷彰宏 ホームページ】http://www.an-web.com/
【モバイル】http://www.an-web.com/mobile/

バーコードの読み取りに対応したカメラ付き携帯電話で左上のマークを読み取ると、中谷彰宏ホームページのモバイル版にアクセスできます。左下のマークを読み取ると、中谷彰宏の著作が読める「モバイル中谷塾」にアクセスできます。対応機種・操作方法は取り扱い説明書をご覧ください。

中谷彰宏は、盲導犬育成事業に賛同し、この本の印税の一部を㈶日本盲導犬協会に寄付しています。

視覚障害その他の理由で活字のままでこの本を利用できない人のために、営利を目的とする場合を除き「録音図書」「点字図書」「拡大写本」等の製作をすることを認めます。その際は著作権者、または、出版社までご連絡ください。

成美文庫

35歳までにやめる60のこと

著　者　中谷彰宏《なかたにあきひろ》
発行者　風早健史
発行所　成美堂出版
〒162-8445　東京都新宿区新小川町1-7
電話(03)5206-8151　FAX(03)5206-8159
印　刷　大盛印刷株式会社

ISBN978-4-415-40177-5
落丁·乱丁などの不良本はお取り替えします
定価はカバーに表示してあります